DEUXIÈME ÉDITION

GÉNÉRAL THOUMAS

386

CAUSERIES

Militaires

ANNÉE 1888

PARIS

ERNEST KOLB, ÉDITEUR

8, RUE SAINT-JOSEPH, 8

CAUSERIES
MILITAIRES

ÉMILE COLIN — IMPRIMERIE DE LAGNY

CAUSERIES

MILITAIRES

PAR LE

Général THOUMAS

PARIS

ERNEST KOLB, ÉDITEUR

8, RUE SAINT-JOSEPH, 8

Tous droits réservés

PRÉFACE

Plusieurs personnes m'ont témoigné le désir de voir paraître en volume les causeries qui ont été publiées dans le journal LE TEMPS sous la rubrique la VIE MILITAIRE et avec ma signature. Ce désir est trop flatteur pour que je ne m'empresse pas d'y obtempérer. Je livre donc au public la première série de mes causeries du TEMPS écrites au jour le jour sur les sujets les plus variés mais se ralla-

chant tous aux questions militaires qui, à si
juste titre, occupent aujourd'hui l'attention
générale. Je les livre telles qu'elles ont paru
dans le journal, sans y apporter d'autre changement que la suppression d'un très petit
nombre de détails, qui en perdant leur
actualité ont perdu leur intérêt et d'observations critiques relatives à des ouvrages récemment publiés, observations devenues
sans objet depuis que ces ouvrages ont fait
leur chemin.

Je souhaite à mes CAUSERIES de retrouver
sous cette nouvelle forme l'accueil qu'ont
bien voulu leur faire depuis dix-huit mois
les nombreux lecteurs du TEMPS. Je serais
un ingrat, d'ailleurs, si je n'adressais pas ici
mes remercîments à tous ceux de ces lecteurs
qui sous des formes diverses m'ont prodigué
leurs encouragements, ainsi qu'au très ai-
mable M. Adrien Hébrard qui, en m'ouvrant

les colonnes de son journal, m'a laissé la
liberté la plus complète dans le choix de
mes sujets et dans le développement de
mes idées.

G¹ TH.

CAUSERIES
MILITAIRES

1

9 août 1887.

Ustensiles de campement. — Les changements d'uniforme.
— La manie des changements. — Commission des modes
de l'armée. — Le costume des chasseurs à pied de la
garde impériale. — Les chevaux d'officiers. — La considération de l'armée. — Atteintes portées à la discipline.
— Changements de garnison. — La place de L...

Parmi les projets votés *in extremis* par la
Chambre des députés et portés *dare dare* au Sénat avant la proclamation du décret de clôture,
bien des personnes ont été étonnées de voir figurer une loi relative à la substitution du nécessaire Bonthéou, contenant une marmite et une

gamelle individuelles, aux ustensiles similaires pour quatre, actuellement en service dans l'infanterie, l'artillerie, le génie et le train. Cet étonnement ne s'applique pas à la mesure en elle-même, mesure aussi naturelle et aussi légitime que possible. Autrefois, chaque groupe de quatre hommes, dans une compagnie ou une batterie, recevait pour son usage une collection d'ustensiles de campement, comprenant un grand bidon (remplacé aujourd'hui par un seau en toile), une marmite et une gamelle. L'un des quatre hommes portait la marmite et l'autre le bidon, l'autre portait la gamelle et l'autre, tout comme dans la chanson de Marlborough, ne portait rien. Tout cela donnait à un bataillon en marche un faux air de ferblanterie ambulante; quand les hommes qui étaient chargés de la marmite ou de la gamelle restaient en route, pour un motif quelconque, leurs camarades devaient se passer de leur pitance, faute d'avoir de quoi la faire cuire ou de quoi la manger. Ce système était donc défectueux de tout point. Le nécessaire Bouthéou, contenant pour chaque homme une gamelle et une marmite individuelles, ne laissera jamais le soldat dans l'embarras. Il coûte moins cher que les -

ustensiles actuels ; il a été adopté après des études suffisantes. Rien à dire à cela ! Bien au contraire.

Mais ce qui étonne, c'est que, pour opérer un changement aussi simple et aussi bien justifié, il ait fallu les mêmes formalités que pour doter la France d'une loi sur le recrutement. On s'est dit : Comment ! le ministre de la guerre pouvait disposer d'une armée de cinq cent mille hommes, déplacer à son gré les régiments et les commandants de corps d'armée ; l'avancement des officiers était à sa merci ; on prétendait même que le choix entre la paix et la guerre ne tenait qu'à lui ; en tout cas, il pouvait dépenser 15 millions pour édifier des baraques, et il n'a pas pu, sans le concours du Sénat et de la Chambre des députés, changer la marmite et la gamelle en usage, quoique ce changement ne dût entraîner qu'une dépense de cinq cents francs pour toute l'armée.

Il est vrai que c'est le ministre actuel, qui a demandé le concours du Parlement et non pas son prédécesseur, mais le ministre qui a procédé de la sorte n'a fait que revenir à l'exécution de la loi du 24 juillet 1873 sur l'organisation géné-

(1) M. le général Ferron.

rale de l'armée, dont un article est ainsi conçu :

« Aucun changement dans l'équipement et dans l'uniforme, si ce n'est partiellement et à titre d'essai, ne pourra avoir lieu qu'après le vote d'un crédit spécial. »

Ce n'est pas sans motif que le législateur a inséré cette disposition dans la loi : notre inconstance en fait de tenue militaire était devenue proverbiale. Sans remonter jusqu'au temps où Frédéric II réunissait dans sa galerie de Potsdam une collection de dessins représentant les soldats de toutes les armées d'Europe et y faisait figurer le soldat français vêtu comme Adam avant le péché, attendant, disait-il, l'adoption définitive d'un uniforme, nous avons vu, il y a trente ou quarante ans, le *Journal militaire officiel* tellement surchargé de descriptions et de dessins d'effets d'uniforme successivement adoptés et abandonnés qu'on ne le désignait plus que sous le titre de *Journal des modes de l'armée.* Nous nommions de même « commission des modes » le grave aréopage d'officiers supérieurs de toutes armes appelés à régler, sous la présidence d'un général de division, tous les détails relatifs aux changements d'uniforme.

Le plus joli est qu'après avoir bien ri avec mes camarades de cette commission et de ses élucubrations, j'arrivai plus tard à en être nommé membre. Ce n'était pas précisément une sinécure, car les séances étaient fréquentes et toujours très chargées. On ne manquait pas d'y acquérir l'instruction la plus variée. C'est là, pour en donner un exemple, que j'appris à voir combien les hommes sont avides pour eux-mêmes de distinctions de tout genre, en même temps qu'ennemis de toute distinction accordée à d'autres.

Le bataillon des chasseurs à pied de la garde impériale portait un costume tout particulier : tunique-veste à quatre pans très courts, serrée à la taille par le ceinturon, pantalon-blouse moitié moins large que celui des zouaves, maintenu au bas par des jambières et des guêtres. Confectionné avec soin, porté par des hommes choisis, ce costume paraissait coquet, élégant et dégagé, et, dans son rapport annuel, le commandant du bataillon ne tarissait pas en éloges sur ses avantages. Si bien qu'un beau jour on décida que toute l'infanterie de la ligne en serait revêtue, en ayant égard toutefois à la différence des couleurs distinctives. Chaque corps de troupe fut invité à fournir à la fin de l'année un rapport détaillé sur le nouvel uniforme. La fin de l'année venue, tous les rapports établis en conséquence de cet ordre furent compulsés; pas un seul n'était favorable au *pet-en-l'air* (ainsi appelait-on la tunique-veste aux pans écourtés). Le rapport des chasseurs à pied de la garde était le plus affirmatif de tous dans ses critiques. Un officier du bataillon fut mandé au ministère pour donner des explications à ce sujet. « Qu'est-ce qui vous fait trouver mauvais aujourd'hui ce que vous trouviez si bon il y a un an ? demanda le général président. *Comment en un plomb vil l'or pur s'est-il changé?* ajouta-t-il, car il avait l'esprit très lettré et la mémoire meublée de citations classiques. » « Rien de si simple, mon général, répondit l'officier. Avoir notre vêtement à nous seuls nous distinguait de toute l'armée; nous passions sur ses inconvénients. C'est devenu le costume de tout le monde : notre devoir est de dire la vérité sur son compte. » Tels sont les hommes, tels il faut les connaître pour les commander et les diriger, en profitant de leurs faiblesses.

Ce n'est pas l'uniforme des officiers qu'il s'agit

de modifier en ce moment, c'est la manière de
vivre des officiers de cavalerie et d'artillerie qui
va se trouver changée. Le besoin impérieux d'é-
conomies a forcé le ministre de la guerre à diminuer le nombre des chevaux alloués pour chaque
grade. En ce qui concerne les officiers généraux
et supérieurs, qui sont propriétaires de leurs
montures, l'économie ne portera que sur les
rations fournies par l'État et n'affectera que le
chiffre des dépenses annuelles. Quant aux capitaines, les chevaux qu'il est question de leur
retirer seront reversés à la troupe et contribue-
ront à augmenter les effectifs de la cavalerie.

La réduction du nombre des chevaux d'officiers
n'est évidemment applicable qu'au temps de
paix, car il serait absolument impossible à un
capitaine commandant un escadron de cavalerie
ou une batterie d'artillerie de faire la guerre avec
un seul cheval, sans être obligé de prendre un
cheval de troupe pour son service; or il n'est
rien, nous apprend le général de Brack, dont le
témoignage a tant de prix, il n'est rien qui fasse
plus de mal à une troupe à cheval que d'enlever
aux cavaliers l'idée de propriété de leurs chevaux
et de leurs armes. « Si j'avais été assez heureux

pour vous commander en guerre, disait-il aux officiers et aux sous-officiers du 11e chasseurs, j'aurais observé religieusement le droit de chacun à cet égard, et la dernière des recrues qui aurait eu soin de son cheval n'eût été démontée pour personne. » « En face de l'ennemi, dit le même auteur, le chef doit dormir moitié moins que ses subordonnés, et les règlements militaires, en lui accordant plus de chevaux qu'à tout autre officier, lui indiquent ses obligations de vigilance et de fatigues personnelles. »

Mais, pour ne parler que du temps de paix, que deviendra la recommandation si souvent adressée et réitérée aux officiers de monter constamment à cheval pour arriver à être toujours maîtres de leurs montures, à les avoir sans cesse entre les mains et les jambes, et prêtes à tous les mouvements, suivant l'expression du comte d'Aure, le premier des cavaliers? Croit-on que tous les capitaines de cavalerie aillent monter deux fois par jour le même cheval, et qu'après les fatigues de la manœuvre du matin ils imposent encore à leurs montures celle d'une séance d'équitation? Certes, non. Les plus riches auront des chevaux à eux et les nourriront; les autres s'en passeront et se promèneront à pied ou resteront chez eux, à moins qu'ils ne préfèrent s'exercer sur le vélocipède, puisqu'il semble être sérieusement question d'introduire ce véhicule dans l'armée.

En nous plaçant à un autre point de vue, il y a là une sorte de diminution de la situation des officiers qui me paraît fâcheuse. Le prestige de l'officier est entretenu en Allemagne avec un soin extrême : il est absolument nécessaire dans ce pays, où l'organisation civile est encadrée dans l'état militaire, où toute circonscription administrative correspond à une des unités de l'armée, si bien qu'un village est désigné par des numéros de section, de compagnie et de bataillon, et où le commandant de cette unité, sans intervenir le moins du monde dans l'administration civile, est connu et considéré par tous comme le chef militaire de la circonscription. Les officiers sont traités en conséquence et tiennent partout le haut du pavé.

L'armée n'en demande pas tant en France et se contente de suivre le chemin ouvert à tous les citoyens, mais sous la condition d'y marcher respectée. Certes, les sympathies ne lui font pas défaut, mais elles se traduisent parfois d'une façon singulière, et, sans trop insister sur des faits déjà bien loin de nous, quoiqu'ils ne datent guère que de trois semaines, il est difficile à un colonel qui, à la tête de son régiment, est salué par des sifflets et des cris de : à bas celui-ci ! vive celui-là ! de prendre ces manifestations bruyantes pour des marques de respect ou pour un encouragement à la discipline. Heureusement tout cela glisse sur notre armée, qui fait preuve en toute circonstance d'un admirable esprit.

Il ne faudrait pas croire cependant que la discipline est restée sans atteinte : elle est inséparable de l'observation des règles hiérarchiques, et l'oubli de ces règles aurait fini par ébranler l'autorité essentielle des chefs de corps, si le nouveau ministre n'y avait mis bon ordre, en interdisant aux officiers toute correspondance directe avec lui. Le mal n'étant encore qu'à fleur de peau, il aura suffi pour le guérir de revenir aux principes fondamentaux de l'organisation militaire.

Un autre mal auquel il serait urgent de remédier, c'est la facilité avec laquelle, malgré les règlements, certains officiers en activité, qui ne sont pas toujours les meilleurs, écrivent dans les journaux. Ni les pseudonymes, ni les initiales, ni l'intermédiaire complaisant d'amis *civils* ne peuvent tromper l'autorité; elle pourrait donc sévir si elle le voulait bien. Mais c'est aux journaux eux-mêmes qu'il appartiendrait surtout de réagir. Ils en arrivent peu à peu à ne plus parler d'un officier cité à propos de la circonstance la plus banale, sans donner ses états de service et sans apprécier ses mérites. De là à le critiquer il n'y a qu'un pas. D'autre part, les conseils municipaux, et cela souvent avec l'appui des députés et des sénateurs, en viennent à demander l'éloignement d'un régiment qui leur déplaît. C'est imiter les traditions d'une grande époque par leur mauvais côté. Au début de la Révolution, l'indiscipline de l'armée a mis la France à deux doigts de sa perte, non pas l'indiscipline des volontaires, comme on le croit généralement, mais celle des troupes de ligne, comme l'attestent l'insurrection de Nancy, provoquée par des régiments d'élite, et la panique de Mons, causée par deux régiments de dragons. Eh bien ! la cause principale de cette indiscipline résidait dans l'intervention des municipalités, qui, pour un oui ou pour un non, enjoignaient ou interdisaient au ministre de changer les garnisons de leurs villes...

Des changements de garnison! La nouvelle organisation de l'infanterie va-t-elle en occasionner beaucoup? C'est une question à laquelle il est facile de répondre. Les bataillons destinés à former les nouveaux régiments sont d'ores et déjà pour la plupart groupés trois par trois sous le commandement de lieutenants-colonels; il suffira de créer pour chaque groupe un centre administratif et de lui donner un numéro. Donc point ou peu de changements de ce fait. Quant aux bataillons qui disparaissent pour réduire tous les régiments à trois bataillons et aux compagnies de dépôt supprimées, les sous-officiers et soldats qui en font partie n'auront de mouvements à exécuter pour rejoindre leurs régiments que s'ils sont dans des garnisons séparées.

Le ministre doit s'attendre à recevoir de nombreuses réclamations de la part des villes dépossédées. Il est fâcheux pour lui que les habitudes actuelles ne permettent pas de répondre à ces réclamations comme le fit sous le deuxième empire un personnage qui aimait à rire. Auprès

d'un fortin qui occupait une position très pitto-
resque, mais qui importait fort peu à la défense
de la frontière, se trouvait un village d'ordre très
infime dont la population se composait principalement de cabaretiers, boucher, boulanger, épi-
ciers, gagnant leur vie en faisant vivre la garnison du fortin. Cette garnison était tantôt d'une
compagnie, tantôt réduite à une demi-compagnie
dont les soldats, grâce à la population du village,
pouvaient chanter en toute vérité : *Vive le vin,
l'amour et le tabac!* Les circonstances forcèrent
un jour le général commandant la division à la
retirer complètement. Aussitôt les réclamations
de pleuvoir sur lui. En vain répond-il qu'il n'y
peut rien ! Les réclamations redoublent ; enfin,
le maire de la commune intéressée reçoit un jour
par la poste un énorme pli cacheté qu'il s'empresse d'ouvrir, espérant y trouver une réponse
favorable : il n'y voit que deux superbes feuilles
coloriées, produit des fabriques d'Epinal, sur
chacune desquelles étaient représentées deux
douzaines de soldats d'infanterie en tenue réglementaire, avec deux officiers, deux tambours et
deux clairons. Au bas étaient écrits ces mots :
Garnison de L...

On prétendit que cet envoi venait de l'état-
major de la division. Le maire ne le pensa sans
doute pas, et, s'il le crut, il craignit de se heurter
à plus puissant que lui (il y a de cela quelque
trente ans) ; toujours est-il qu'il ne se plaignit pas,
et sa mansuétude fut récompensée quelque temps
après par l'envoi d'une demi-compagnie en chair
et en os. Hélas ! c'est de Berlin et non plus d'E-
pinal que vient aujourd'hui la garnison du pauvre
village frontière, en supposant qu'il y en ait une :
celle qui avait remplacé l'image à cinq centimes
s'est cependant comportée vaillamment, et elle
a laissé dans le pays assez de regrets pour qu'au
fond des cœurs son retour soit vivement désiré.

16 août 1887.

Les nouveaux régiments de cavalerie; historique. — L'École d'application; Metz et Fontainebleau. — L'École de Saint-Cyr. — Les Saint-Cyriens au camp de Châlons.

La formation des 27° et 28° régiments de dragons va renouer une double tradition interrompue depuis la fin de la triste année 1815. Sous le prétexte que l'armée française, en embrassant avec ardeur la cause de Napoléon à son retour de l'île d'Elbe, avait violé la foi jurée en 1814, les étrangers vainqueurs à Waterloo exigèrent non seulement le licenciement de cette armée, mais la dispersion même de ses débris aux quatre coins de la France. Ils espéraient bien tuer ainsi l'esprit de corps, qui entre pour une si grande part dans l'esprit militaire.

Chacun des régiments qui furent dissous après la retraite sur la rive gauche de la Loire avait sa légende, qu'il fallait anéantir avec lui. Pour ne parler que de l'infanterie, l'un, le 57e, avait reçu des ennemis eux-mêmes le surnom de Terrible à la bataille de la Favorite, sous les murs de Mantoue, en 1797 : un autre, le 84e, avait inscrit sur son drapeau, par ordre de l'empereur, ces mots : « Un contre dix », en souvenir du combat de Gratz, pendant la campagne de 1809 ; celui-ci, le 32e, était « l'Invincible » depuis la bataille de Montenotte ; celui-là, le 88e, avait été intitulé Bon et Intrépide.

Tous disparurent et furent remplacés par des légions départementales, se recrutant dans les départements dont elles portaient le nom. Les légions elles-mêmes firent place en 1820 à 80 régiments d'infanterie, dont 60 de ligne et 20 légers, qui furent numérotés entre eux d'après l'ordre alphabétique des légions. Par suite d'augmentations successives, l'infanterie en était arrivée, à la date du 24 octobre 1854, à 75 régiments de ligne et 25 régiments d'infanterie légère, lorsque ceux-ci changèrent de nom et prirent dans l'unique série des régiments d'infanterie les

numéros de 76 à 100. Enfin, d'après la nouvelle
organisation, il existe aujourd'hui 162 régiments
formant encore une seule série...

On vient de voir combien peu de rapports
chacun de ces 162 régiments présente avec celui
qui portait le même numéro avant 1815. Ce dernier n'en a pas davantage avec le régiment de
l'ancienne monarchie qui avait occupé le même
rang jusqu'en 1794.

En effet, lorsqu'en vertu d'un arrêté de la Convention les bataillons de volontaires furent amalgamés avec les vieux bataillons d'infanterie de
ligne, les anciens régiments virent leurs bataillons, séparés les uns des autres, concourir à la
formation de demi-brigades différentes. Deux
ans plus tard, et dans le but de diminuer le
nombre des états-majors, les demi-brigades
créées en 1794 furent groupées trois par trois
pour former de nouvelles demi-brigades, celles-
là mêmes qui ont légué leurs numéros aux régiments de l'Empire. Comment s'y retrouver dans
une pareille confusion ?

Après la révolution de Juillet, les régiments
reprirent leur ancien drapeau ; on sentit alors la
nécessité de conserver les traditions qui allaient

se perdre à mesure que disparaîtraient par la mort ceux qui les conservaient dans la mémoire et dans le cœur. On rattacha en conséquence chaque régiment actuel au régiment qui portait le même numéro sous le premier Empire. Cette loi s'est continuée jusqu'à nos jours, et le 57ᵉ régiment d'infanterie par exemple est considéré comme le continuateur de la Terrible demi-brigade.

Pour la cavalerie la question est plus simple : la Convention et le Comité de salut public, qui n'éprouvèrent qu'un très mince scrupule à désorganiser les vieux régiments d'infanterie et qui furent en cela justifiés par l'événement, puisque les demi-brigades formées par l'amalgame réunirent à la solidité et à la science technique des vieilles troupes l'enthousiasme patriotique des recrues fournies par la levée en masse, n'osèrent pas en agir de même avec les régiments de cavalerie, le résultat eût été trop mauvais ; et au lieu de disperser les escadrons de ces régiments pour les grouper avec la cavalerie des légions issues au début de la Révolution du mouvement populaire, ils se bornèrent à fusionner ces légions et à en former quelques nouveaux régiments ; ceux-ci acquirent peu à peu la valeur des anciens parce qu'ils étaient surtout composés de déserteurs qu'il suffit de discipliner pour en faire des soldats. A l'exception de deux qui avaient émigré : *Royal Allemand* et *Hussards de Saxe*, les régiments de l'ancienne monarchie furent conservés ; quelques autres furent créés, comme nous venons de le voir.

L'organisation de la cavalerie fut, il est vrai, remaniée sous le Consulat pendant les trois années de paix continentale qui suivirent le traité de Lunéville ; mais cependant on peut suivre très facilement chacun des anciens régiments depuis son origine jusqu'en 1815. On peut de même remonter, pour chacun des régiments actuels, jusqu'à la même année 1815.

Le travail de reconstitution se borne, en définitive, à considérer ces nouveaux régiments comme les continuateurs des régiments de même subdivision d'arme (cuirassiers, dragons, chasseurs, etc.) ayant porté le même numéro avant 1815.

Le nombre des régiments de dragons formés après 1815 ayant été de dix seulement, et ce nombre ayant été porté à vingt-six depuis la dernière guerre, il n'a existé depuis 1815 ni 27e ni

28° régiment de dragons, mais les deux corps de troupe créés aujourd'hui sous cette désignation ne vont pas commencer leurs historiques sur des livres aux pages blanches. Chacun d'eux, au contraire, n'aura qu'à continuer une tradition déjà riche de hauts faits.

L'histoire du 27° dragons remontera jusqu'au 1er janvier 1674, époque à laquelle fut formé le régiment de cavalerie Royal-Normandie, dont le premier colonel fut le futur maréchal de Broglie et qui, après avoir débuté à la bataille de Senef sous le grand Condé, combattit à Fleurus, à Steinkerque, à Neerwinden, sous le duc de Luxembourg, à Denain sous Villars, à Fontenoy et à Raucoux sous le maréchal de Saxe. Il devint, en 1791, le 18° régiment de cavalerie, se distingua aux armées du Rhin, de Rhin-et-Moselle, d'Helvétie et d'Italie, et fut, en 1802, transformé en régiment de dragons, sous le n° 27. Une charge du 27° dragons décida, en 1805, la victoire d'Elchingen; depuis lors, il ne cessa de combattre, en Prusse et en Pologne d'abord, en Espagne et en Portugal plus tard, enfin en Allemagne et en France pendant la campagne de 1814, après laquelle il fut licencié.

L'historique du 28ᵉ dragons remonte moins haut : il a pour origine un régiment de hussards, créé en 1793, sous le nom de Hussards de la Liberté, et devenu en 1794 le 7ᵉ *bis* de hussards. De la Vendée, où il avait débuté, ce régiment fut envoyé en Italie, où l'illustre Lasalle combattit dans ses rangs; il fit ensuite partie du corps expéditionnaire d'Egypte, où le même Lasalle décida avec lui la victoire des Pyramides; il s'illustra sous les ordres de Davout dans la conquête de la haute Egypte, fut à son retour de ce pays transformé en dragons sous le nᵒ 28 et resta dans le royaume de Naples pendant la plus grande partie des guerres de l'Empire.

Voilà les précédents des deux régiments de dragons qui viennent d'être créés. Quant aux deux nouveaux régiments de chasseurs d'Afrique, c'est bien sur une page blanche que va commencer leur historique, mais que de souvenirs vont y apporter les sixièmes escadrons des quatre vieux régiments de la même arme et les escadrons des 2ᵉ et 4ᵉ hussards!...

Les Ecoles militaires n'ont pas dans leur historique beaucoup de batailles à citer : l'Ecole polytechnique figure cependant avec honneur dans la défense de Paris en 1814; mais c'est là une glorieuse exception. Les événements qui marquaient autrefois dans l'histoire des Ecoles étaient les visites des princes. On cite encore à l'Ecole polytechnique la visite du duc d'Angoulême et l'illustre Thénard donnant sa leçon de chimie en la présence auguste du Dauphin. « Monseigneur, lui dit-il, l'oxygène et l'hydrogène vont avoir l'honneur de se combiner devant votre Altesse Royale pour produire de l'eau. » Les princes sont remplacés aujourd'hui par les ministres de la guerre. C'est bien tout un, car peu de souverains ont exercé sur l'armée un pouvoir plus grand que celui des ministres actuels : seulement tout le monde est en droit d'espérer devenir ministre comme eux, et les jeunes officiers peuvent, en les contemplant, se mirer dans leur grandeur future. En se trouvant mercredi à Fontainebleau, à l'Ecole d'application de l'artillerie et du génie, M. le général Ferron a dû être hanté par un double souvenir, car notre ministre de la guerre a été autrefois professeur de tactique et brillant professeur dans cette Ecole, mais au lieu d'être à Fontainebleau, elle se trouvait à Metz, où elle était bien mieux placée à tous les points de vue.

Je ne parle ici que des souvenirs de l'officier : il y avait aussi pour le ministre ceux de l'ancien élève, mais rien ne ressemble moins à la vie des élèves de Metz que celle des élèves de l'École de Fontainebleau. Comme on nous aimait, dans cette bonne ville de Metz, si française de cœur et d'esprit, et quelle indulgence pour nos frasques, bien innocentes après tout, quoique parfois un peu bruyantes ! Nous portions dans ce temps-là de hauts shakos surmontés de pompons rouges à double boule. Or, certain soir qu'à une école à feu de nuit, un heureux pointeur avait abattu au tir du mortier le tonneau qui servait de but et qu'on le ramenait en triomphe, suivant l'antique usage, sur une prolonge d'artillerie garnie de feuillage, un loustic s'avisa que le triomphe n'était pas assez éclatant : il trempa son pompon dans de l'esprit-de-vin et l'alluma ; tous l'imitèrent, et l'on rentra dans Metz en colonne par section, avec tambours et musique et trois cents bols de punch balancés dans l'air sur les têtes. Ce soir-là, toute la ville de Metz était dans les rues et riait à se tordre. Comme nous l'avons tous expié, ce rire si franc et si gai !...

Aujourd'hui les élèves de l'École de Fontainebleau ont d'autres distractions et trouvent peut-être bien légères celles de leurs devanciers. Hélas ! les temps ne sont plus les mêmes ; il faut bien penser sérieusement à ce qui n'est que trop sérieux et travailler chacun dans sa sphère à préparer cet avenir dont le problème se dresse devant nous, quoi que nous pensions et quoi que nous fassions. On ne saurait reprocher au ministre de la guerre de ne pas donner l'exemple de ce travail. A peine a-t-il commencé la réorganisation de l'infanterie et de la cavalerie, qu'il parle déjà d'améliorer l'artillerie et le génie. Mais est-ce bien une amélioration que de supprimer les pontonniers ici pour les transporter là ? La question est complexe et demande une étude spéciale... J'y reviendrai.

Aussi bien, cet article est déjà long, et je voudrais cependant dire un mot de l'École de Saint-Cyr, qui ,elle aussi,a eu ses visites de souverains, et en assez grand nombre. La première fut celle de Napoléon Ier, un souverain doublé d'un ministre, car ses ministres à lui n'étaient que les exécuteurs obéissants de toutes ses volontés. Il vint à Saint-Cyr en 1809 au moment même où l'École de Fontainebleau, destinée à former de jeunes sous-lieutenants, venait d'y être transférée.

Il ne fut pas content de ce qu'il y vit, et, dans une lettre du 8 mars 1809, il adressa de vifs reproches au ministre de la guerre. Il trouva que l'éducation n'était pas assez pratique, qu'on avait eu tort d'introduire des servants et que les élèves auraient dû aller chercher eux-mêmes leurs gamelles à la cuisine, « sans quoi, disait-il, il est ridicule de les faire manger à la gamelle; ils doivent vivre de la vie du soldat. » Mais il insista surtout sur l'enseignement du tir, et il porta à dix le nombre des cartouches à balle que chaque élève devait tirer par jour. Comme il n'y avait pas de magasin à poudre à l'Ecole, un caisson chargé de cartouches devait s'y trouver en permanence. « Je veux, disait-il, qu'en sortant de Saint-Cyr mes jeunes officiers tirent tous comme un chasseur baléare. »

L'instruction du tir est encore aujourd'hui et bien plus qu'à cette époque la base de l'éducation de notre infanterie. Il n'est donc pas étonnant qu'on ait envoyé l'Ecole de Saint-Cyr au camp de Châlons, pour donner aux élèves le complément indispensable de cette instruction. Les années précédentes, ils allaient pendant un court séjour à Fontainebleau, tirer le canon et même un peu le fusil aux grandes distances. On profitait d'un moment d'absence des élèves de l'Ecole d'application pour les installer à leur place.

Cette année on a voulu donner aux jeunes Saint-Cyriens un avant-goût de la vie des camps et, dans un champ de tir exceptionnel pour les distances et les directions qu'il permet de varier à volonté, leur montrer ce qu'est le nouvel armement de l'infanterie. C'est le samedi matin, 6 août, que l'Ecole, y compris tout l'état-major, les instructeurs, les professeurs de certains cours, 750 élèves d'infanterie et 80 de cavalerie, s'est embarquée en deux trains à la gare des Matelots, entre Versailles et Saint-Cyr. A cinq heures du soir, après un voyage rendu pénible par la chaleur la plus accablante, le premier train déposait à la gare de Mourmelon-le-Petit presque tout le bataillon d'infanterie. Une centaine d'officiers de toutes armes et la musique de l'artillerie de Versailles l'attendaient à la gare pour conduire les élèves jusqu'à leur baraquement ; ils y sont installés à raison de deux baraques par compagnie pour le logement des élèves, une baraque employée comme réfectoire de compagnie et une

baraque-cuisine pour deux compagnies. Les officiers de l'École sont baraqués en seconde ligne.

Il y a d'abord eu un peu d'étonnement de cette
vie nouvelle, mais on s'y est vite fait; d'ailleurs
l'installation est aussi bonne que possible. Chaque
élève a un châlit et une paillasse. Ils n'en auront
pas toujours autant, s'ils font la guerre. Le temps
est bien employé; depuis le réveil, qui a eu lieu
à 4 h. 45, jusqu'au dîner, fixé à 6 heures, les
occupations ne manquent pas : départ à 5 h. 30
pour exécuter soit un tir au canon, soit un tir au
fusil; retour au camp à 10 h. 45 et déjeuner à 11 ;
la journée est consacrée d'abord à des revues et à
des théories, puis de 3 heures à 6 heures, tir au
fusil ou manœuvre en terrain varié.

Le camp de Châlons possède actuellement une
garnison tout à fait exceptionnelle : quatre régiments d'artillerie, les 11e et 22e venus de Versailles, les 15e et 27e venus de Douai, 3 batteries
à cheval de Paris et trois autres de Stenay. Toute
cette masse d'artillerie se prépare à exécuter de
grands exercices de tir et de manœuvre, sous la
haute direction de M. le général de la Jaille, président du comité de l'artillerie.

Mais le véritable intérêt pour les élèves de

Saint-Cyr réside dans l'emploi du nouveau fusil à répétition du calibre de 8 mm. (fusil Lebel). Cet intérêt est sérieux ; les Saint-Cyriens sont émerveillés des résultats du tir au fusil, non pas comme arme à répétition, mais comme arme de précision à tir tendu.

III

30 août 1887.

Les anciens ministres de la guerre. — Le maréchal Soult et les solliciteurs. — Les recommandations. — Progrès de leur influence. — Les voyages des ministres de la guerre. — La frontière des Alpes. — Le maréchal de Berwick. — L'essai de mobilisation. — Manœuvres du 9ᵉ corps. — L'artillerie au camp de Châlons. — Ayons confiance.

En classant dernièrement par ordre de date les nombreuses lettres de service que j'ai reçues depuis quarante-huit ans, j'ai été frappé de la multiplicité des signatures que je trouvais au bas de ces lettres et qui me permettaient de reconstituer, rien qu'en les récapitulant, l'histoire militaire de la France depuis 1839 jusqu'à aujourd'hui. La lettre la plus ancienne, datée du 25 octobre 1839, est signée Schneider (qui se souvient

2.

aujourd'hui de ce nom ?) ; la plus récente porte la signature Boulanger...

De l'une à l'autre j'ai pu lire les noms de duc de Dalmatie, baron Bernard, Trézel, d'Hautpoul, Saint-Arnaud, Vaillant, Randon, Niel, Lebœuf, Freycinet, Le Flô, de Cissey, du Barail, Bertaut, Borel, Farre, Billot, Campenon, Lewal et d'autres encore. Mais ce qui m'a frappé surtout c'est le nom du maréchal duc de Dalmatie, tracé d'une petite écriture serrée et si régulière qu'à voir plusieurs signatures de lui on les croirait imprimées par une griffe, si d'imperceptibles différences ne démontraient qu'elles ont été faites à la main. Je ne m'arrêtai pas à ce détail, bien que la signature d'un homme dénote, dit-on, son caractère et qu'à voir celle du maréchal Soult, duc de Dalmatie, on devine un esprit net, méthodique et ferme dans ses décisions. Mais je pensais à tout ce que j'avais entendu dire de ce grand ministre à mon début dans la vie militaire. Il est vrai que, resté à peu près le dernier survivant de l'illustre pléiade des généraux de la grande armée, il imposait par son nom et par sa réputation l'obéissance et la confiance, mais il justifiait l'une et l'autre par la sagesse de ses

mesures et par la fermeté de son commandement.
Il n'était pas jusqu'à sa brusquerie de vieux soldat qui, souvent peu agréable pour ses interlocuteurs (ses collègues du ministère en savaient quelque chose), ne vînt en aide à son autorité.

Par exemple il n'aimait ni les officiers qui se faisaient recommander ni ceux qui se recommandaient eux-mêmes autrement que par leurs bons services. J'ai lu, à ce sujet, dans les souvenirs inédits d'un général de cette époque-là, une anecdote qui pourrait se reproduire aujourd'hui fréquemment si le temps n'avait marché et si les hommes n'avaient bien changé depuis lors.

Un lieutenant-colonel d'infanterie, excellent officier, proposé depuis plusieurs années pour obtenir de l'avancement, désirait être reçu par le maréchal Soult; il consulta, sur l'opportunité de cette démarche, un de ses amis, qui lui conseilla d'être excessivement réservé dans ses discours, de ne pas parler de ses droits et surtout de ne pas avoir l'air de se plaindre... Ainsi endoctriné, le lieutenant-colonel se présenta chez le maréchal, qui l'accueillit avec bienveillance et lui fit même des compliments sur ses bons services. Cet accueil encouragea le visiteur, qui, oubliant le conseil de son ami, se laissa aller à exprimer son désir d'être enfin nommé colonel, et, sur l'observation du ministre qu'il devait patiemment attendre son tour, il se plaignit de s'être vu préférer plusieurs de ses camarades moins anciens que lui et ayant moins de services. Alors le maréchal, d'une voix haute et d'un ton sévère, l'interrompit et lui dit : « Monsieur le lieutenant-colonel, seriez-vous venu chez moi, par hasard, pour critiquer mes actes et m'apprendre ce que je dois faire? Vous croyez-vous le juge du mérite de vos camarades ? Cette manière de vous ériger en censeur de ma conduite diminue beaucoup la bonne opinion que j'avais de vous. » Le lieutenant-colonel s'apercevant trop tard qu'il avait fait fausse route, voulut s'excuser, mais le maréchal l'interrompit de nouveau et lui dit : « En voilà assez, monsieur, je n'ai pas le temps de vous écouter davantage. » La forme était rude, mais la leçon méritée, le lieutenant-colonel lui-même en convint lorsque lisant le *Moniteur* le lendemain, il y trouva une ordonnance royale signée de la veille même du jour où il avait été si durement éconduit, laquelle ordonnance contenait sa nomination au grade de colonel.

On n'est plus aussi sévère aujourd'hui, rue Saint-Dominique, pour les solliciteurs ; mais, depuis que les ministres admettent les candidats à plaider leur propre cause devant eux, je ne crois pas que les erreurs commises à propos de l'avancement soient moins fréquentes qu'autrefois. Bien au contraire peut-être.

La meilleure mesure à prendre pour diminuer ce genre d'erreurs serait, si la chose était praticable, de supprimer impitoyablement l'influence des recommandations. Je me rappelle encore que, pendant l'hiver de 1869-1870, je me promenais dans le bal des Tuileries avec un officier général de beaucoup d'esprit, qui, par sa position au ministère de la guerre, était à même de recevoir journellement un grand nombre de lettres en faveur de tels ou tels officiers. — « Mon cher, me dit-il, ce pays-ci périra par la recommandation. Je ne vois que des protégés m'adressant des demandes et des protecteurs les appuyant. Nous sommes sur un navire qui menace de sombrer d'un moment à l'autre, et les passagers comme l'équipage, au lieu de s'employer à combattre le danger, se disputent avec acharnement la moindre pièce de monnaie qui se trouve à bord. » Il y a bientôt dix-huit ans que le général S... s'exprimait ainsi ; le mal dont il parlait a singulièrement progressé depuis lors ; il datait d'ailleurs de longtemps.

La recommandation de la Pompadour ou de la Dubarry avait fait, sous le règne de Louis XV, plus de généraux que le libre choix du souverain. Sous le premier Empire, Napoléon était à coup sûr au-dessus des recommandations, mais le ministre Clarke leur prêta plus d'une fois une oreille complaisante. Sous le gouvernement de la Restauration, Gouvion Saint-Cyr lui-même, celui de tous les ministres de la guerre qui fut peut-être le plus hostile à la faveur, ne put pas toujours opposer une fin de non recevoir efficace aux recommandations puissantes dont il était obsédé. Après lui, les influences de cour prirent complètement le dessus. Le général Schauembourg raconte qu'en 1827 un jeune officier de cavalerie, qui avait l'habitude de s'absenter tous les ans, demanda un congé de semestre à l'inspecteur général. Celui-ci lui fit observer qu'il rentrait à peine d'une absence prolongée. L'officier repliqua d'un ton peu convenable et l'inspecteur décida qu'il n'aurait pas de semestre. Quelques jours plus tard, cet officier reçut directement du ministre un congé de trois mois à solde entière et ne reparut pas au corps avant huit mois. Et M. le général Schauembourg ajoute : « Il y avait ainsi dans chaque régiment un ou plusieurs officiers qui, appuyés par de puissants protecteurs ou protectrices, tenaient en échec le colonel et ne faisaient que ce qui leur convenait.

Grâce à la fermeté du maréchal Soult et de quelques autres ministres, le mal ne fut peut-être pas aussi grand sous le gouvernement de 1830, mais la recommandation n'en suivit pas moins son cours auprès des princes et des ministres son cours auprès des princes et des ministres eux-mêmes. Les républicains, qui eurent le pouvoir dans les mains du mois de février au mois de décembre 1848, se gardèrent bien de ne pas profiter de l'occasion pour pousser leurs amis et protégés. Sous le second empire, la recommandation se vulgarisa, si l'on peut ainsi parler. Elle avait été jusqu'alors l'apanage des classes élevées de la société, elle descendit aux couches inférieures. C'est alors qu'on vit des individus se faire recommander par le concierge de l'ami du frère d'un homme puissant. J'ai vu, pour ma part, un officier supérieur, et des plus brillants, demander à un capitaine, qui accompagnait tous les matins, dans une promenade à cheval, une belle dame passant pour être au mieux avec un personnage influent, de prier cette dame de vouloir bien le recommander au personnage en question pour qu'il dît deux mots au ministre en sa faveur.

Il y eut cependant un ministre de l'Empire qui ne voulait pas entendre parler de recommandations : c'était le maréchal Vaillant; mais il en subissait l'influence tout comme les autres. — Par qui cet officier est-il recommandé? disait-il quelquefois lorsqu'on lui présentait un projet de promotion. — Par personne absolument, lui répondait-on avec aplomb. — Eh bien! alors, approuvé! faisait-il. Et il signait ainsi des nominations dues, à son insu, à toute sorte d'influences.

Depuis cette époque, la recommandation s'est étendue comme une tache d'huile et, après seize ans de gouvernement républicain, chacun en

France est aujourd'hui convaincu que sans protections il est impossible d'arriver à quoi que ce soit, et, faut-il l'avouer ? cela est devenu presque vrai, dans l'armée sans doute moins que dans les carrières administratives, la formation des tableaux d'avancement étant pour les officiers une sauvegarde ou du moins la moitié d'une sauvegarde. Je dis la moitié, parce que l'arbitraire entre bien pour une bonne moitié dans l'établissement des tableaux, le ministre ayant le droit d'y ajouter, selon qu'il le juge à propos, les officiers qui appartiennent à certaines catégories. Cela s'appelle la mise au tableau d'office. Je ne veux pas citer d'exemples, parce que ce serait tomber dans les personnalités, et je veux d'autant plus m'en garer que les derniers ministres n'ont guère fait à cet égard que suivre la voie tracée par leurs prédécesseurs. Si je m'en prenais à quelqu'un, ce serait aux députés et aux sénateurs bien plus qu'aux ministres ; ceux-ci font partie d'un cabinet dont les membres tiennent essentiellement à ménager quiconque s'est créé dans le Parlement une situation prépondérante et sont obligés de se conformer à la consigne générale. D'autre part, les députés s'attachent principalement à conserver les bonnes grâces de leurs électeurs influents. Ces derniers sont donc les maîtres de la situation.

Que faire à cela ? Je n'y vois pas grand remède. On change les lois, on ne change pas les mœurs. On peut cependant armer les ministres eux-mêmes contre les sollicitations dont ils sont entourés, en leur imposant par la loi des règles étroites qu'ils ne puissent pas enfreindre et qu'ils puissent opposer aux personnages politiques.

A d'autres points de vue encore le métier de ministre a bien changé. L'hôtel de la rue Saint-Dominique n'est plus une habitation : c'est un pied-à-terre où entre deux voyages le maître temporaire du logis vient se reposer un instant en prenant l'air des bureaux. Il est si facile maintenant de s'en aller à quelques centaines de kilomètres, et l'on en revient si vite, que le chef de l'armée peut voir par lui-même beaucoup de choses pour lesquelles il était autrefois obligé de s'en rapporter à des inspecteurs ou au commandement local. C'est à coup sûr un grand avantage. Mais, d'un autre côté, quand le ministre s'absente, il faut bien qu'il s'en rapporte aux directeurs pour faire marcher le ministère. Je serais assez tenté de croire, cependant, qu'avec des directeurs qui lui inspirent toute confiance et un bon chef de cabinet, le ministre peut sans inconvénient aller se former de visu une opinion sur les questions qu'il est appelé à trancher. Le malheur est qu'un ministre de la guerre ne se déplace pas sans tambours ni trompettes, et que la trompette de la presse, bien autrement retentissante que celle de l'antique renommée, annonce aux quatre coins de l'Europe les moindres pas du chef de l'armée, de sorte que lorsqu'on a dit : le ministre visite les points de la frontière des Alpes dont la défense ne lui a pas semblé bien assurée, si l'on donne un peu plus loin la nomenclature des lieux qu'il a visités, c'est comme si l'on disait à l'Europe : Voici les points faibles de notre frontière.

Heureusement on se trompe. La question de la défense des Alpes ne date pas d'hier. A la fin du règne de Louis XIV, pendant cette guerre de la succession d'Espagne qui affligea les derniers jours du grand roi par une série de défaites éclatantes, Hochstedt, Ramillies, Turin, Malplaquet, etc., un homme de guerre illustre, qui n'a pas obtenu dans l'histoire une popularité digne de son mérite, le maréchal duc de Berwick, organisa merveilleusement cette défense. Il sut, dans quatre campagnes immortelles (1709, 1710. 1711 et 1712), tenir en échec l'armée impériale qui tentait de pénétrer en Dauphiné, et paralysa ses efforts par le choix heureux des positions. L'exposé de son système défensif nous est resté dans des mémoires admirables de précision et de clarté, qui pendant longtemps ont été regardés comme le guide du général en chef dans les Alpes. Mais là aussi le temps est venu apporter des changements considérables à l'ordre de choses ancien. De nouvelles routes pratiquées à travers la chaîne des montagnes ne permettent plus de s'en tenir aux dispositions imaginées par Berwick. Il faut s'en inspirer tout en les modifiant. La création des troupes alpines, étudiée depuis longtemps et arrêtée en principe dans l'esprit du ministre, sera sans doute une des conséquences de ces modifications. Quel que soit le système adopté, il aura pour effet d'assurer la défense de cette partie de nos frontières dans l'ordre d'idées où s'était placé le maréchal de Berwick, qui, de lui-même, envoya vingt-quatre des bataillons mis à sa disposition grossir les autres armées, se jugeant assez fort avec le reste.

C'était d'ailleurs un rude homme que ce maréchal duc de Berwick, Anglais, naturalisé Français, fils naturel de Jacques II, le dernier des rois Stuarts et neveu du grand Marlboroug, dont la sœur, Arabella Churchill, avait été la maîtresse de Jacques. Le vainqueur d'Almanza n'entendait pas raillerie et, dans une certaine circonstance où le manque de vivres avait empêché la réussite d'une opération importante, il avait tout bonnement fait pendre la munitionnaire en défaut.

La pendaison n'est plus dans nos mœurs, mais, même en adoptant la doctrine de Berwick, qui fut aussi pendant la défense de Hambourg celle du maréchal Davout, personne n'encourrait cette peine lors de la concentration du 17e corps à Castelnaudary, Villefranche et autres lieux circonvoisins; car l'adjudication de la viande à fournir dans ces localités a été bien soigneusement faite à l'avance; ce qui, je ne sais pourquoi, a excité des cris d'indignation contre la manière dont s'opère l'essai de mobilisation. Dieu sait si je suis partisan de cette opération forcément incomplète et défigurée, mais encore faut-il rendre

justice aux efforts prodigués et aux résultats ob-
tenus, et surtout ne pas travestir les faits. Il
existe sur les points de la frontière où se concen-
treraient les armées des approvisionnements
préparés à l'avance et destinés à assurer la sub-
sistance des troupes pendant la période de concentration. Castelnaudary et Villefranche n'é-
tant point, que personne sache, des points de
concentration prévus, il était tout naturel d'y assurer la vie des soldats du 17e corps par des mesures prises à temps.

Pendant que le 17e corps opérera sa concentration, le 9e corps, dont le chef-lieu est à Tours,
exécutera ses grandes manœuvres, auxquelles
assisteront les officiers étrangers envoyés en
mission par leurs gouvernements. En ce qui me
concerne, j'attends ces manœuvres pour juger de
la dernière instruction su r le combat de l'infanterie. C'est crâne... mais il faudra voir. En tout
cas, lors même qu'il y aurait un peu de désordre
et de pelotonnement dans cette ligne continue,
formée d'éléments qui viennent successivement
se juxtaposer pendant la marche, cela vaut mille
fois mieux que l'ordre de bataille par lignes
couchées à terre, malencontreusement imaginé

avant la guerre de 1870. Il faut au soldat français la marche en avant, le contact des coudes, le retentissement du clairon et du tambour, l'entraînement du pas de charge, en un mot la vieille *furia francese*.

Quant à la confiance, c'est aux officiers qu'il appartient de la lui donner. Sous ce rapport, les grandes manœuvres d'artillerie qui viennent de se terminer au camp de Châlons ont produit un résultat moral inappréciable. « Les hommes, m'écrit un ami qui assistait à ces manœuvres, ont pris confiance en eux-mêmes, en leurs officiers et dans le matériel qu'ils ont vu galoper et passer partout, et surtout dans leurs pièces, dont le tir les a émerveillés. » Que tout le monde dans l'armée française ait cette confiance, non pas celle qui résulte d'une imparfaite connaissance des difficultés et qui donne lieu parfois à des illusions désastreuses, mais la confiance raisonnée, fondée sur la force dont chacun a la conviction intime, et... il n'existera plus d'éventualités que notre pays ne puisse envisager avec calme et fermeté.

27 septembre 1887.

Un livre acheté sur les quais. — Les quatorze maréchaux de
l'empire. — Les inspecteurs généraux du corps de santé,
— Coste; un médecin de l'ancien régime. — Heurteloup,
blessé sur le champ de bataille en 1768. — Desgenettes;
l'expédition de Syrie, la peste. Courage et dévouement;
réponse à Bonaparte. L'empereur Alexandre en 1812. —
Percy; injustice de l'opinion publique. — Larrey, type
populaire du chirurgien d'armée. — Parmentier. Les
pommes de terre en 1805. — Autonomie du corps de
santé. — Loi du 16 mars 1882. — Insuffisance des cadres.
— L'armée de l'Est en 1871. — Imprévoyance du soldat.
— L'intendance aux grandes manœuvres.

Je me plais souvent dans mes moments de loisir à feuilleter un volume que j'ai trouvé par hasard sur le parapet du quai Voltaire, et qui ne
contient que des noms et des dates. Mais quels

3.

noms ! Et quelles dates !... C'est l'*État militaire de la France* pour l'an XIII, autrement dit l'Annuaire militaire de 1805, le premier annuaire qui ait paru après les guerres de la Révolution et qui est devenu lui-même assez rare. La lecture de ce volume n'apprendrait rien à ceux qui ne savent rien de l'histoire militaire du temps, mais il peut être fort utile à ceux qui ont étudié cette histoire-là pour classer leurs souvenirs.

A tout seigneur tout honneur. La première page de l'annuaire de 1805 est consacrée aux noms des quatorze maréchaux de l'empire. Ils sont classés d'après l'ordre de la promotion, ordre entièrement arbitraire, Berthier se trouvant le premier et Bessières le dernier. Sur les quatorze, sept seulement sont morts de maladie, savoir : Moncey, Jourdan, Masséna, Augereau, Soult, Davout et Bernadotte, le plus chanceux de tous, puisqu'il est mort sur un trône et qu'il a fait souche de rois après avoir porté les armes contre la France.

Sur les sept autres, un, Berthier, a péri mystérieusement à Bamberg, pendant les Cent jours, au moment où, dit-on, il accourait à l'appel de Napoléon. Suicide ou accident, sa mort est restée un problème. Deux autres, Murat et Ney ont été fusillés, victimes d'un assassinat juridique; un troisième, Brune a été massacré en 1815 par la réaction royaliste; un autre, Mortier, qui avait été épargné par la mort au terrible combat de Diernstein, est tombé en 1835, frappé par une des balles de la machine Fieschi. Deux enfin, Lannes et Bessières ont seuls succombé sur le champ de bataille, Lannes à Essling, le 23 mai 1809, Bessières à Weissenfels, le 1er mai 1813.

Il est assez curieux de voir quel âge avait chacun de ces maréchaux au moment de sa nomination. Berthier, le doyen, avait cinquante et un ans, Moncey cinquante, Augereau quarante-sept, Masséna quarante-six, Jourdan quarante-deux, Brune quarante et un, Bernadotte quarante, Murat, Mortier et Bessières trente-six, Soult, Lannes et Ney trente-cinq, Davout trente-quatre. Sous l'ancienne monarchie, Turenne, exception glorieuse entre toutes, avait été nommé maréchal à trente-deux ans.

En continuant de feuilleter mon annuaire, je trouve, quelques pages plus loin, les inspecteurs généraux du service de santé, au nombre de six, savoir : deux médecins, Coste et Desgenettes; trois chirurgiens, Heurteloup, Percy, Larrey; un pharmacien, Parmentier. Ces noms, moins retentissants que ceux des hommes de guerre, ont mérité cependant d'être recueillis par l'histoire.

Coste appartenait, à vrai dire, au siècle précédent. Recommandé par Voltaire au duc de Choiseul en 1763, à la suite d'une épidémie, et nommé à cette occasion médecin de l'hôpital de Versoix, il devint en 1780 le médecin en chef de l'expédition d'Amérique, sauva la vie du général en chef Rochambeau et sut gagner l'amitié de Washington et de Franklin. Le maréchal de Ségur le nomma en 1784 médecin en chef des camps et des armées du roi. Il servit en cette qualité à l'armée du Nord et devint en 1796 médecin en chef des Invalides. Investi de ces fonctions par la République, il les conserva sous l'Empire et sous la Restauration; il était encore médecin en chef des Invalides lorsqu'il mourut, en 1819. Sa position ne l'avait pas empêché de diriger le service de santé aux armées, notamment à l'armée d'Allemagne en 1808, 1809 et 1810.

Heurteloup avait débuté comme médecin militaire pendant la campagne de Corse, en 1768; il y avait reçu un coup de feu aux deux jambes en faisant le service sur le champ de bataille. Chirurgien en chef de l'armée d'Allemagne de 1808 à 1810, il mourut en 1812 dans l'exercice de ses fonctions d'inspecteur général.

Desgenettes, entré dans le service des armées en 1793, était déjà médecin en chef de l'armée d'Égypte en 1798. C'est encore lui qui fut le médecin en chef de la grande Armée en 1812 et en 1813. L'expédition de Syrie l'a rendu justement célèbre. La peste s'était mise dans l'armée après la prise de Jaffa, Bonaparte le consulta. Il émit l'avis de se porter quand même en avant, la marche devant diminuer le mal plutôt que l'augmenter, et afin d'éviter l'effet moral que n'aurait pas manqué de produire l'annonce de la peste, il imagina le nom de fièvre à bubons. Pour prouver que cette maladie n'était pas contagieuse, il trempa un jour, au milieu de l'hôpital, sa lancette dans le pus d'un bubon pestilentiel et se fit une légère piqûre dans l'aine et au voisinage de l'aisselle. Il dit lui-même avoir couru moins de danger en cette occasion que lorsque, invité par le quartier-maître de la 75ᵉ demi-brigade, une heure avant sa mort, à boire dans son verre une portion de son breuvage, il n'hésita pas à lui donner cet encouragement.

C'est encore Desgenettes qui, incité par Bonaparte pendant la retraite de Syrie à donner de l'opium aux nombreux pestiférés que l'on était forcé d'abandonner à Jaffa, exposés à la barbarie d'un ennemi capable de toutes les atrocités, lui répondit : « Je suis ici pour conserver et non pour tuer. »

Fait prisonnier pendant la retraite de Russie, Desgenettes réclama sa mise en liberté. L'empereur Alexandre le fit reconduire aux avant-postes français, escorté par les Cosaques de sa garde.

Percy est généralement considéré par le corps médical comme le père et le soutien de la chirurgie militaire ; mais, modeste et réservé, peut-être n'a-t-il pas obtenu dans l'opinion publique la haute situation qui lui revenait de droit. Chirurgien en chef des armées de la Moselle et du Rhin, il créa le corps des chirurgiens mobiles chargés d'opérer sur le champ de bataille, et dont un des plus brillants généraux de la République, Lecourbe, a dit : « Le soldat les vénère et se console lorsqu'il est blessé, parce que les premiers secours lui sont donnés avec une rapidité surprenante. » C'est encore Percy qui, devançant son temps de plus de soixante et dix années, proposa à Moreau de faire neutraliser le personnel et le matériel des ambulances. Moreau écrivit à ce sujet au général en chef de l'armée autrichienne. Il ne reçut pas de réponse. Enfin c'est Percy qui, le premier en Espagne, organisa à ses frais, dit-on, des compagnies d'infirmiers militaires. Quant à la science chirurgicale, pour juger de celle de Percy, il suffira de savoir qu'au début de sa carrière, il obtint seize années de suite le premier prix au concours institué par la Société de chirurgie. La Société finit par le mettre hors concours en lui donnant un prix exceptionnel.

Larrey est resté le type le plus connu et le plus populaire du chirurgien d'armée. Aide-major à l'armée du Rhin en 1792, il était en 1798 chirurgien en chef de l'armée d'Egypte et figura au même titre dans toutes les armées jusqu'à Waterloo, où il fut blessé et fait prisonnier. Napoléon Ier, dans son testament, le cite comme l'homme le plus honnête qu'il ait jamais rencontré. Intrépide sur le champ de bataille, habile opérateur sous le feu de l'ennemi, administrateur intègre, écouté avec respect dans les sociétés savantes, il fut complet. Sa statue est à l'Académie de médecine, dont il fut une des lumières, au Val-de-Grâce, où il est donné aux jeunes médecins militaires comme un modèle à suivre, et sur la place publique du bourg de Boudéan, dans les Hautes-Pyrénées, où il naquit en 1754.

Parmi ceux qui l'approchèrent, il a laissé le souvenir d'un caractère entier et original. Avait-il imaginé ou simplement perfectionné l'opération de la désarticulation de l'épaule ? Je ne me permettrais pas de trancher cette question, mais je me souviens parfaitement qu'un vieil ami de mon père, capitaine dans l'artillerie à cheval de la garde impériale, ayant eu le bras emporté par un boulet à la bataille de Leipzig, Larrey lui avait fait cette opération sur le champ de bataille même. Malgré toutes les difficultés de la retraite, le capitaine d'artillerie avait parfaitement guéri. Larrey le retrouva bien des années plus tard, et il se plaisait à le présenter à tout venant comme un sujet marquant dans l'histoire de la chirurgie. Une fois, l'ayant rencontré dans la rue, alors qu'il était lui-même accompagné de quelque savant illustre, il le fit entrer dans un magasin, l'entraîna dans l'arrière-boutique et le déshabilla pour mettre à nu son épaule, afin de mieux expliquer, dans une sorte de conférence, les détails d'une opération dont il se montrait particulièrement fier.

Tels étaient en 1805 les inspecteurs généraux du service de santé. Encore allais-je oublier le plus populaire de tous, le pharmacien Parmentier. Peu de personnes sans doute savent qu'il était pharmacien militaire, cet homme à la persévérance duquel nous devons d'avoir vu la pomme de terre passer dans la nourriture du paysan et du soldat, ou pour mieux dire de tous. C'est lui qui, après les vaines tentatives de Turgot pour introduire ce précieux aliment en Limousin, triompha de toutes les répugnances et de tous les ridicules ; lui qui fit semer dans la plaine des Sablons un champ de pommes de terre, fit hommage au roi Louis XVI et à la reine Marie-Antoinette des premières fleurs de ce champ, démontra aux plus incrédules que la pomme de terre n'était pas vénéneuse comme on le prétendait, mais savoureuse et nourrissante. Que d'hommes, depuis lors, ont dû la vie à Parmentier ! Napoléon, écrivant après la bataille d'Austerlitz à l'intendant en chef de l'armée pour lui signaler toutes les difficultés de la campagne, lui disait :

« Que serions-nous devenus sans les pommes de terre que nous avons touvées dans les champs? »

Après avoir vu l'éclat jeté sur le corps médical militaire par ces hommes illustres dont nous venons de rappeler les noms, et qui ont trouvé de dignes successeurs, qui croirait qu'il a fallu à ce corps, depuis 1815, soixante-sept ans d'efforts et de justes revendications pour arriver à obtenir son autonomie et la place qui lui était due dans la hiérarchie militaire. L'administration s'était arrogé, à l'égard des praticiens, tous les pouvoirs et tous les privilèges. Le médecin ou le chirurgien dans son hôpital ou son ambulance n'était que le subordonné de l'intendant; il ne pouvait prescrire un régime à ses malades sans l'estampille administrative, et les fonctionnaires de l'intendance étaient appelés à apprécier sa capacité professionnelle. La loi du 16 mars 1882 a mis fin à cet état de choses et consacré l'autonomie du corps médical, tout en maintenant certaines anomalies qui tendent à disparaître dans la pratique.

Toutefois, les auteurs de cette loi lui ont mesuré d'une main bien avare les ressources du personnel, et avec un personnel insuffisant le service ne saurait être assuré. Voilà, par exemple dix-huit régiments d'infanterie, et quatre régiments de cavalerie qui viennent d'être créés; il a fallu prélever leurs médecins sur les régiments existants, dont plusieurs se trouvent ainsi réduits à un médecin-major de 1re classe, resté seul pour subvenir à toutes les exigences d'un service fatigant. Pour tout dire, avant d'augmenter le personnel du corps médical, il faudrait peut-être commencer par en assurer le recrutement en organisant convenablement l'école ou les écoles de santé militaires. On voit que le service de santé n'est pas encore tout à fait hors de page.

Pourquoi donc, avant même d'avoir abouti à une organisation complète, revient-on dejà sur une partie des mesures libérales édictées par la loi de 1882 ? Antérieurement à cette loi, le grade le plus élevé dans le corps de santé était celui de médecin ou pharmacien inspecteur, assimilé au général de brigade. Le plus ancien des inspecteurs présidait le conseil de santé, et, comme le service aux armées dépendait de l'intendant général, qui réunissait sous sa présidence, en une sorte de comité, le médecin et le chirurgien en chef, on pouvait regarder le grade de général de brigade comme assez élevé pour ce rôle consultatif.

En accordant l'autonomie du corps médical et faisant du médecin en chef d'une armée le directeur effectif du service de santé, la loi a institué le grade d'inspecteur général, assimilé au général de division. En temps de paix, l'inspecteur général est le président né du comité de médecine militaire ; en temps de guerre, le service de santé est dirigé ordinairement dans un corps d'armée par un médecin principal de 1re classe (colonel) et dans une armée par un médecin inspecteur (général de brigade). L'inspecteur général placé auprès du généralissime ou du ministre de la guerre centraliserait le service de toutes les armées; centralisation indispensable, puisque, en définitive, le service de santé aboutit toujours, par suite de l'évacuation des blessés et des malades, au cœur même du territoire.

Eh bien ! le projet de loi actuellement soumis à la Chambre des Députés pour la soi-disant réorganisation de l'armée supprime le grade et l'emploi d'inspecteur général, et décapite ainsi le corps de santé, dont les membres ne sont plus en droit d'espérer parvenir au sommet de la hiérarchie militaire. Quel est donc le motif de cette suppression? On prétend que tous les services étant subordonnés au commandement, les chefs de ces services doivent être d'un grade inférieur à celui du général qui exerce le commandement. Il peut arriver, dit-on encore, qu'un des plus jeunes médecins inspecteurs présente une capacité hors ligne, et il faut se réserver la possibilité de le mettre à la tête du service, ce qui ne se pourrait pas s'il y avait un inspecteur général. Le premier motif ne signifie absolument rien, puisque les commandants de corps d'armée et même d'armée n'ont pas un grade supérieur à celui des généraux commandant les divisions. Quant au second, on peut y répondre que, dans l'exercice des fonctions d'inspecteur général, l'expérience et l'autorité du grade sont bien plus nécessaires que la capacité professionnelle.

Mais, pour juger la question, je me place à un point de vue plus large. Une loi a été votée, il y a cinq ans et demi, pour l'organisation des services administratifs et médicaux, et pour la constitution du personnel affecté à ces services. On a jugé alors qu'il était nécessaire de placer à la tête du corps médical un inspecteur général et que, pour rémunérer les services rendus par les médecins militaires, il convenait de leur ouvrir l'accès du grade le plus élevé dans la hiérarchie militaire. Que s'est-il passé depuis lors pour motiver une opinion contraire? Les inspecteurs généraux nommés depuis 1882 se sont-ils montrés incapables? Personne n'oserait l'insinuer. Le corps dont on voulait récompenser les bons services et exciter l'émulation a-t-il démérité? A-t-il laissé voir qu'il manquât de zèle, de conscience, de savoir, de courage ou d'honorabilité? Non! N'est-ce pas? Eh bien! alors pourquoi le frapper? Notez que vous risquez déjà de semer le découragement parmi les médecins militaires en leur infligeant un surcroît de travail par suite d'insuffisance de personnel et en soumettant leur avancement à l'appréciation de commissions régionales dont les membres ne connaissent pas ceux qu'ils sont appelés à juger.

Certes, l'intérêt général du pays et de l'armée doit primer l'intérêt de corporation comme l'intérêt personnel; mais l'intérêt général est d'autant mieux servi que ceux qui travaillent pour lui sont traités avec plus de bienveillance et de justice.

Le corps médical n'est pas le seul qu'il soit question de décapiter. Le corps de l'intendance est également menacé de voir supprimer pour lui le grade le plus élevé, celui d'intendant général. C'est pendant l'année 1854, époque de la plus grande puissance des intendants, qu'un décret institua, au nombre de huit, les intendants généraux, assimilés pour le grade aux généraux de division et destinés à former le comité d'administration, ainsi qu'à exercer, par des inspections annuelles, une sorte de contrôle sur les fonctionnaires de l'intendance (considérants, pleins de périls, comme on peut le voir aujourd'hui). Depuis lors l'intendance n'a pas cessé d'être l'objet des attaques les plus passionnées et souvent les plus imméritées ; l'opinion publique inconsciente l'a prise pour tête de Turc, frappant sur elle à coups redoublés dès qu'elle éprouvait une déconvenue dans ses espérances de succès. Partout où le pain a manqué ç'a été pour le public la faute de l'intendance, comme si plus d'une fois ce n'était pas le commandement ou l'état-major qui avait omis de donner à temps les ordres nécessaires.

Parmi les motifs de l'insuccès de la campagne

dans l'Est en 1871, on avait allégué le manque d'approvisionnements de vivres. L'enquête faite pendant l'armistice par les soins de l'Assemblée nationale réunie à Bordeaux démontra qu'il y avait à Besançon trente-neuf jours de subsistances pour une armée de 100,000 hommes. Mais pour savoir ce que devenait une portion de ces vivres, il suffirait de lire la lettre que m'écrivit de l'armée de l'Est un colonel de mes amis. Il suivait une colonne qui s'était mise en marche après une distribution de pain; les deux côtés du chemin étaient bordés de pains que les hommes avaient jetés là pour s'en débarrasser. Le fait est constaté dans le rapport établi à la suite de l'enquête que je viens de rappeler. Ce rapport attribue le manque de vivres « à la négligence de certains officiers, qui ne s'occupaient pas de leurs hommes, et à la paresseuse imprévoyance du soldat, jetant les provisions reçues pour trois ou quatre jours, afin de ne pas avoir à les porter. » De la part de troupes jeunes et d'officiers improvisés, le fait n'avait rien de souverainement étonnant. Il n'en servit pas moins de thème aux déclamations contre l'intendance.

Hier encore, dans les manœuvres du 17ᵉ corps

mobilisé et dans celles du 9° corps, on s'en est pris à l'intendance de ce que, dans certains cantonnements, les troupes n'ont pu manger que trop tard. Et cependant les corps d'armée devaient subsister comme en campagne, conformément aux dispositions d'un règlement dans lequel les responsabilités de chacun sont nettement définies, et, si l'intendance eût été en faute, l'effet n'aurait dû s'en faire sentir sur la troupe qu'après la consommation des vivres, portés par les trains réglementaires et du bétail marchant à l'avant-garde. La distribution de ces ressources dans les cantonnements ne concerne pas l'intendance mais bien le commandement à ses divers degrés.

Si j'entre dans ces explications, ce n'est pas pour me faire l'avocat des fonctionnaires de l'intendance ; je constate seulement une erreur fâcheuse de l'opinion publique, erreur qui influe certainement sur les projets que l'on semble nourrir à l'égard de l'intendance.

Au mépris des dispositions formelles de la loi du 16 mars 1882, la commission du budget poursuit, depuis trois ou quatre ans, la suppression effective du grade d'Intendant général, en demandant qu'il ne soit pas pourvu aux emplois de ce grade

qui deviennent vacants. La loi militaire organique consacrerait cette suppression en ne faisant plus mention du grade d'intendant général.

On se fonde à cet égard sur l'existence du
corps de contrôle. Les intendants généraux, dit-
on, ont été créés pour exercer une sorte de contrôle sur les fonctionnaires de l'intendance. Le
corps du contrôle suffit pour cela, et l'intervention des intendants généraux ferait double emploi. Ceux qui parlent ainsi confondent le contrôle et l'inspection. Les contrôleurs de l'armée
n'ont ni à noter les fonctionnaires de l'intendance ni à les guider dans la partie technique de
leurs fonctions. Lorsque plusieurs corps d'armée
sont réunis pour former une armée, la direction
générale des services administratifs de cette
armée ne saurait être exercée par un contrôleur,
dont le rôle est d'examiner les faits accomplis et
nullement de donner des ordres préventifs. Cette
direction revient de droit à un intendant général.

A cela l'on répond qu'il suffit d'un intendant
ayant le rang de général de brigade, parce qu'il
n'est que l'exécuteur des ordres du général en
chef. C'est encore là une grave erreur, et, pour

s'en convaincre il suffit de lire le règlement sur le service en campagne, dont la netteté ne laisse rien à désirer. « L'ordre de pourvoir et de distribuer, dit l'article 14, l'indication des lieux et heures des distributions constituent la responsabilité du commandement. Les mesures d'exécution pour pourvoir et distribuer, la justification du payement et de la distribution constituent la responsabilité des intendants envers le commandement. » L'intendant a donc le choix des mesures d'exécution, pourvu qu'elles aboutissent au résultat prescrit, et, dans une armée il est indispensable que l'ensemble des services administratifs des divers corps d'armée qui la composent soit centralisé par une autorité unique et supérieure.

En vain objectera-t-on que ce rôle peut être assigné à un intendant de corps d'armée. Cela ne saurait être, car il faudrait, au moment du passage du pied de paix au pied de guerre, pendant les opérations de la mobilisation pour lesquelles, en ce qui concerne l'administration, tout a été préparé par l'intendant, enlever cet intendant à son corps d'armée, c'est-à-dire tout remettre en question. Non ! il est indispensable que tous les intendants de corps d'armée restent à leur poste en cas de mobilisation et que la direction des services administratifs d'une armée soit confiée à un intendant général préparé dès le temps de paix à prendre cette direction au premier signal; c'est une besogne assez importante pour que celui qui doit s'en acquitter soit revêtu d'un grade supérieur.

« On a vu, dit le général Foy, tel ordonnateur des guerres dépenser, pour former un magasin, pour organiser un convoi, pour approvisionner une place, plus de talent administratif et de force de tête qu'il n'en eût fallu en temps régulier pour régir un État. »

V

18 octobre 1887.

Question des Pontonniers. — Passages de rivière. — Batailles de Zurich, d'Essling et de Wagram. — La Bérézina. — Équipages de pont. — Passage du Lech. — Gustave Adolphe. — Les pontonniers, le génie et Napoléon. — Prévoyance d'Eblé. — Les pontonniers dans l'eau glacée. — *On n'en revit pas un.* — La loi des cadres en 1875. — Un peu de chauvinisme. — Drapeau des pontonniers. — La tradition. — Les arrêts de rigueur. — Le maréchal Moncey. — Gouvion Saint-Cyr.

Parmi les améliorations qu'on se propose, dit-on, d'apporter très prochainement à l'organisation de l'armée, il en est une qui revient périodiquement sur le tapis et qui, présentée avec une certaine habileté, obtient quelque faveur, non dans l'opinion publique où elle trouve plutôt de

4.

l'indifférence, mais dans le milieu où l'on traite des questions militaires ; c'est le passage des pontonniers de l'artillerie au génie.

Pour bien comprendre cette question, il est nécessaire de savoir au juste ce que c'est qu'un passage de rivière, considéré soit comme opération militaire, soit simplement comme l'établissement d'une voie de communication, et, par conséquent, de bien définir le rôle des pontonniers. Une armée marche à l'ennemi ; elle en est séparée par un cours d'eau plus ou moins large et plus ou moins profond : ce cours d'eau est un obstacle dont l'ennemi cherche le plus généralement à se couvrir et dont il dispute le passage, à moins qu'il ne préfère le laisser franchir pour forcer ensuite l'armée assaillante à livrer bataille avec une rivière ou un fleuve à dos. La bataille de Zurich, gagnée en 1799 par Masséna, est, dans l'histoire de nos guerres, un exemple glorieux de passage de rivière, forcé malgré les efforts de l'ennemi. Les batailles d'Essling et de Wagram, la première perdue, la seconde gagnée par Napoléon en 1809, sont des exemples non moins célèbres d'un fleuve passé en présence de l'ennemi par une armée, obligée ensuite de livrer bataille avec ce fleuve à dos. Enfin, une armée peut être vivement poussée par l'ennemi tout en ayant, sur sa ligne de retraite, un fleuve ou une rivière dont elle, doit pouvoir opérer le passage sans y être acculée et détruite. Telle aurait été l'armée de Blücher, en 1814, si la faiblesse incroyable d'un commandant de place ne lui eût livré avec la ville de Soissons le passage de l'Aisne. Tels faillirent être, à la Bérézina, les restes de la Grande Armée... Pour tous ces passages de rivière et pour tous les cas analogues, il est nécessaire d'emmener avec soi un équipage de ponts, comprenant poutrelles et madriers pour établir le tablier, bateaux et chevalets pour servir de support à ce tablier, suivant la profondeur du cours d'eau. A la Bérézina, par exemple, le peu de profondeur de la rivière a permis d'établir le pont sur chevalets ; à Zurich, sur la Limmat, en 1799, comme à Kehl et à Diersheim sur le Rhin, en 1796 et 1797, il a fallu employer les bateaux.

En dehors de ces ponts d'équipage construits par les pontonniers, il en est d'autres que le génie établit à l'aide des ressources du pays en bateaux, bois, fer et cordages, pour assurer les communications en arrière de l'armée. La construction de ces ponts n'est plus une opération de guerre. C'est, comme on l'a dit plus haut, l'ouverture de nouvelles voies de communications.

L'opération de guerre qui consiste dans le lancement d'un pont d'équipage, n'est autre chose qu'un combat livré dans des circonstances particulières et auquel l'artillerie participe de deux manières : en premier lieu, elle garnit de batteries la rive dont on est maître, et par les feux qu'elle croise sur l'autre rive dont on veut s'emparer, elle assure aux troupes qui y ont déjà pris pied une protection qu'elle seule est capable de leur donner. En second lieu, elle fournit au reste de l'armée le moyen de surmonter l'obstacle et d'atteindre l'ennemi sur la rive qu'il défend. Ces deux modes d'action sont connexes et solidaires l'un de l'autre, et le choix du point de passage en dépend essentiellement. A cet égard, les règles de l'art n'ont pas changé. Lorsque, en 1632, Gustave-Adolphe eut à franchir le Lech en présence de l'armée bavaroise, il choisit, pour opérer le passage, un point où le cours d'eau présentait de son côté la convexité d'un coude, de telle sorte que sur les deux côtés de ce coude il put établir de fortes batteries qui balayèrent, en croisant leurs feux, tout le terrain de la rive ennemie, située à l'intérieur du coude. En outre, la rive qu'il occupait dominait légèrement la rive ennemie, ce qui facilitait le tir. Ces règles établies il y aura bientôt trois cents ans et appliquées par un grand homme de guerre, Masséna, assurèrent le gain de la bataille de Zurich ; elles subiraient peut-être quelques modifications dans les détails, par suite de l'augmentation de portée de l'artillerie et des armes à feu, mais dans leur ensemble, elle sont immuables. L'exemple de la bataille de Zurich peut donc être considéré comme classique.

Le point choisi par Masséna remplissait à merveille les conditions exigées. La rivière y forme un coude qui embrasse une grande étendue de terrain, dont la convexité est tournée vers la rive gauche occupée par les Français. Le terrain de la rive droite, enfermé dans le coude, est bas, fortement dominé par les hauteurs de la rive gauche. Ce terrain était coupé par des bois ; un petit bois, situé à la pointe même du coude, masquait le point de passage et donnait aux troupes débarquées un lieu de rassemblement ;

puis venait une plaine de peu d'étendue, puis un bois plus considérable que le premier. Le chef d'escadron Foy, devenu depuis général de division et l'un des plus célèbres orateurs du Parlement français, commandant alors l'artillerie de la division Lorges, plus spécialement chargée de forcer le passage, disposa pendant la nuit ses pièces de manière à balayer complètement le terrain de la rive droite ; deux grandes batteries placées l'une en amont l'autre en aval, croisaient leurs feux sur la plaine entre les deux bois ; l'une prenait à revers la gauche de l'ennemi, l'autre battait la droite d'écharpe, c'est-à-dire presque d'enfilade. Dans l'intervalle de ces deux emplacements principaux, plusieurs pièces, et notamment des obusiers, devaient couvrir de projectiles le bois situé en avant de la position des Russes ; enfin, une batterie de 12, placée en aval du coude, interceptait par ses feux la route qui joignait les deux camps ennemis. Toutes ces pièces furent mises en batterie pendant la nuit, sans que les troupes les plus voisines s'en doutassent. Pendant ce temps, l'équipage de ponts, attelé par l'artillerie de la division Mesnard, arrivait au grand trot et se trouvait, au point du jour, à proximité du point de passage. A quatre heures du matin, les bateaux les plus légers déposent sur la rive droite les troupes d'avant-garde, pendant que toutes les batteries, tirant ensemble, réduisent au silence l'artillerie ennemie et forcent à la retraite les détachements qui cherchent à empêcher le débarquement. Le colonel Dedon, chef des pontonniers, fait alors procéder à la construction du pont qui, commencée à cinq heures, est terminée à huit ; l'infanterie et la cavalerie passent sur la rive droite. Foy suit le mouvement avec l'artillerie légère. Par ce mouvement, l'armée russe est coupée en deux ; la victoire est assurée. La bataille de Zurich est un des plus beaux faits d'armes inscrits dans les fastes de l'artillerie et des pontonniers réunis.

L'origine des pontonniers explique très bien, d'ailleurs, comment ils comptent parmi les troupes de l'artillerie ; leur histoire montrera comment ils y ont été maintenus.

Avant les guerres de la Révolution, les ponts nécessaires pour opérer le passage des rivières, étaient construits par les ouvriers de l'artillerie, assistés de bateliers pris par réquisition sur les

lieux, et d'auxiliaires fournis par l'infanterie.
Lorsque, dans les campagnes de 1794 à 1800, les
passages de rivières devinrent beaucoup plus
fréquents, on groupa les bateliers du Rhin ou du
Pô et les ouvriers d'artillerie en compagnies permanentes, qui devinrent les compagnies de pontonniers et furent elles-même groupées en deux
bataillons, le premier pour l'Allemagne, le
deuxième pour l'Italie. L'artillerie fut ainsi chargée du service des ponts mobiles; mais bientôt
le génie, ayant pris un accroissement considérable par suite de la création de ses troupes spéciales (sapeurs et mineurs), réclama ce service
comme rentrant dans ses attributions. Après de
longues discussions, Napoléon intervint lui-
même pour le conserver à l'artillerie.

« L'empereur, dit dans une lettre du 18 mars
1811 le général Lariboisière, premier inspecteur
général de l'artillerie, s'est prononcé pour que
les pontonniers continuent à faire partie de l'artillerie. »

« Le génie, lit-on dans l'admirable livre du
général Foy, sur l'histoire des guerres d'Espagne, revendique les pontonniers. Malgré la
convenance apparente de cette prétention, l'artil-

lerie les a conservés. On a pensé que la puissance dont cette arme dispose par ses arsenaux, ses parcs, son train, son personnel nombreux, fournirait, pour construire, atteler et manœuvrer les ponts mobiles, des ressources auxquelles nul autre combinaison ne saurait suppléer. »

La décision de Napoléon avait été motivée, sans nul doute, par le souvenir de Wagram et des services immenses que lui avaient alors rendus les pontonniers. Ils devaient bientôt lui en rendre un plus grand encore dans les flots glacés de la Bérézina.

Lorsque, au retour de Moscou, la Grande Armée, déjà fortement réduite par les désastres de la retraite, parvint à Orcha, elle y trouva un bel équipage de soixante bateaux, laissé en arrière après le passage du Niémen. Napoléon donna ordre de brûler ce matériel afin de pouvoir disposer des trois cents chevaux d'attelage qui lui étaient affectés pour traîner des voitures de bagages. En vain, le digne général Eblé, directeur général des ponts, fit observer à l'empereur que, pour sortir de la Russie, il restait encore à traverser la Bérézina ; en vain, le supplia-t-il de lui emmener quinze de ces soixante bateaux qui auraient assuré, dans les meilleures conditions, le passage de cette rivière de glorieuse et lugubre mémoire. Napoléon comptait sur le pont de Borisow pour passer la Bérézina; il se montra inflexible et tout fut brûlé.

La prévoyance et la vigilance d'Eblé sauvèrent l'armée d'une perte certaine. Il préserva de la destruction six caissons chargés d'outils, deux forges de campagne et deux voitures de charbon. Il avait en outre avec lui une troupe incomparable, sept compagnies de pontonniers, formant un total de 400 hommes, ayant tous jusque-là conservé leurs fusils. Eblé leur avait distribué au départ de Smolensk à chacun un outil, cinq ou six de ces fortes ferrures connues par les charpentiers sous le nom de clamaux et quinze à vingt grands clous, que tous déposèrent fidèlement au lieu choisi pour faire les préparatifs du passage.

Les faits généraux sont connus; on sait que l'armée russe de Moldavie, accourue du Midi pour barrer la route à Napoléon, s'empara de Borisow et en détruisit le pont; on sait aussi que la cavalerie légère du 2e corps découvrit par un hasard providentiel le gué de Wesselowo, où les pontonniers jetèrent deux ponts de chevalets, l'un pour l'infanterie et la cavalerie, l'autre pour l'artillerie et les voitures, que toute l'armée passa sur ces deux ponts, chassant devant elle, sur la rive droite, l'armée de Moldavie et repoussant, sur la rive gauche, les attaques des deux autres armées russes, jusqu'à ce qu'un effroyable encombrement se produisant à l'entrée du pont des voitures, le passage y fut interrompu. Mais ce que l'on connaît moins, c'est le détail des actes de dévouement par lesquels Eblé et ses pontonniers ont mérité d'être placés au premier rang sur les annales de gloire de l'armée française.

Il avait été décidé d'abord que deux ponts seraient jetés par l'artillerie et un troisième par le génie. Mais après quelques heures de travail, le général Chasseloup-Laubat, commandant en chef du génie, vint déclarer qu'il était à bout de ressources et livra au général Eblé quelques chevalets terminés, en mettant à sa disposition ses compagnies de sapeurs pour les travaux accessoires. Il fallait, en effet, avant de commencer la construction du pont, démolir les maisons du village pour confectionner les chevalets ainsi que les poutrelles et les madriers du tablier. Cette œuvre terminée, on posa le premier chevalet. La rivière, large de cinquante-quatre toises, charriait des glaçons ; les pontonniers durent entrer dans l'eau jusqu'aux aisselles pour placer et maintenir les chevalets... Tous ceux qui furent employés à ce service périrent. Ils restèrent sur les bords de la Bérézina. *On n'en revit pas un*, dit une relation de ce célèbre passage écrite avec une héroïque simplicité par deux témoins oculaires, ou plutôt deux acteurs, deux officiers supérieurs de pontonniers. Ce ne fut pas tout : trois fois le pont destiné aux voitures, construit sur un terrain vaseux, céda sur une partie de sa longueur et trois fois il fallut le réparer. Les pontonniers le réparèrent en plongeant dans l'eau ; pour les soutenir et les encourager, leur digne chef y plongeait avec eux, malgré ses cinquante-quatre ans. Il ne resta pas sur les bords de la Bérézina ; mais, parvenu à Kœnigsberg et nommé premier inspecteur général de l'artillerie, en remplacement du général Lariboisière, qui succombait, le 21 décembre, aux fatigues de cette terrible campagne, Eblé y mourut le 30 décembre. « Il n'était pas un seul des 65,000 hommes ayant passé la Bérézina, a dit M. Thiers, qui ne dût à ce héros modeste et presque ignoré, la vie et la liberté. » Quel plus magnifique éloge pourrait-on faire d'un homme de guerre, si brillant qu'il se fût montré dans une bataille ou dans un assaut ?...

On raconte qu'au moment du passage de la Bérézina, le général Chasseloup-Laubat, entraîné par la vérité, dit au chef d'état-major du général Éblé, un des deux auteurs de la relation à laquelle j'ai fait allusion plus haut : « Je reconnais que l'artillerie seule possède les énormes ressources nécessaires pour assurer le service des ponts. » Mais si ces paroles furent réellement prononcées, elles tombèrent plus tard dans l'oubli, et le génie a fait de nombreuses tentatives pour enlever à l'artillerie le service des ponts. Le jour où ces efforts furent le plus près de réussir fut celui où l'Assemblée nationale de 1875 vota la loi militaire dont M. le général Chareton, officier du génie, était le rapporteur. Le projet de la commission sanctionnait les prétentions du génie. L'Assemblée, d'après l'avis du ministre de la guerre, maintint le *statu quo*. Les considérations que le ministre avait fait valoir étaient de simples arguments de bon sens, trop souvent méconnues par ceux qui préparent ou votent les lois. « Nous avons une organisation qui a fait ses preuves dans les circonstances les plus critiques, dit le ministre ; pourquoi la détruire pour nous jeter dans l'inconnu ? » D'autres orateurs firent valoir à l'appui de la même opinion les ressources qui sont indispensables pour le lancement rapide d'un pont et dont dispose seule l'artillerie. Bref, un amendement conservant les pontonniers à l'artillerie fut adopté à la majorité de 413 voix contre 172.

Est-il survenu depuis 1875 quelque fait qui soit de nature à infirmer les arguments acceptés alors comme valables ? On serait bien embarrassé pour en citer un. Aussi s'appuie-t-on sur d'autres considérations pour motiver le changement de régime des pontonniers. On va jusqu'à dire que le personnel du génie a reçu une trop grande extension pour les attributions dont il est chargé et qu'il faut lui en créer de nouvelles pour justifier son effectif. On ajoute que l'artillerie n'y perdra rien parce que les compagnies de pontonniers qu'elle perdra seront remplacées avantageusement par des batteries d'artillerie de montagne.

Là n'est pas pour moi la question, dont je me borne d'ailleurs à retracer brièvement l'historique, me réservant de la discuter quand elle se posera devant les Chambres. Je ne recherche pas les avantages de tel ou tel personnel, et si j'ai été officier d'artillerie, si j'ai conservé tout naturellement pour l'arme dans laquelle j'ai passé toute mon existence une involontaire prédilection, je n'ai jamais poussé l'amour du bouton jusqu'à désirer l'agrandissement de cette arme aux dépens du bien général de l'armée. Il y aurait, d'ailleurs, une manière bien simple de réduire la discussion à deux termes, si elle venait à se produire ; il suffirait de demander à ceux qui veulent un changement : Sommes-nous mieux assurés qu'en 1875 contre une guerre immédiate, et l'existence des pontonniers dans l'artillerie qui les possède depuis leur origine, compromet-elle le service à ce point qu'il faille à tout prix, et sans souci de ce qui peut se passer demain à notre frontière, modifier cet état de choses ?

Cela dit, je ne reculerai pas devant un aveu. Je suis doué, comme la plupart des Français, d'une certaine dose de chauvinisme qui a résisté à bien des épreuves. Je vais plus loin : je ne crois pas qu'une nation puisse vaincre si elle n'est pas animée par un peu de chauvinisme. Eh bien ! quand je pense au drapeau des pontonniers et au nom de la Bérésina que j'y ai vu gravé en lettres d'or, je ne puis me faire à l'idée de voir passer ce drapeau dans d'autres mains que celles qui l'ont porté jusqu'à présent.

Le drapeau des pontonniers ! J'ai bien lu quelque part, il y a cinq ou six mois, qu'il fallait le supprimer comme une loque inutile, parce que les pontonniers ne sont pas des combattants et qu'ils n'ont pas besoin de drapeau. Pas combattants ! les pontonniers, quand, sous le feu de l'ennemi, le corps plongé dans l'eau glacée, ils restaient inébranlables à leur poste jusqu'au moment où ils succombèrent au froid et à la souffrance ! Une loque ! leur drapeau dont les plis flottants semblent porter l'âme du vieil Eblé, inspirant aux pontonniers d'aujourd'hui l'esprit de discipline, de dévouement et de sacrifice dont aucune troupe n'a jamais donné un exemple aussi glorieux que celui des quatre cents pontonniers de la Bérézina !

L'armée a subi depuis un quart de siècle, et pour des causes multiples, bien des transformations, mais la tradition glorieuse du passé s'y est maintenue jusqu'à présent. Le pays, qui voit en elle l'instrument de son salut, pousse un cri d'alarme et d'angoisse dès qu'il voit son honneur ébranlé par quelque scandale isolé ; mais, pour prévenir le mal, il ne suffit pas de rejeter des rangs de l'armée ceux qui se sont montrés indignes d'y figurer ; il faut encore et surtout honorer et glorifier les hommes qui ont compris et pratiqué le devoir comme l'a fait le général Eblé.

Parmi les gloires militaires de cette grande époque, il en est de retentissantes ; il en est d'autres, on vient d'en voir une, moins bruyantes et plus pures peut-être. De ce nombre est celle de Moncey, qui fut le doyen d'âge des maréchaux de l'Empire (non compris les maréchaux-sénateurs) et qui, à la tête de quelques gardes nationaux, défendit Paris, le 30 mars 1814, jusqu'à la dernière extrémité. Une punition de trois mois d'arrêts de rigueur, dans le château de Ham, figure cependant au dossier de cet illustre soldat, type des vertus guerrières. On sait dans quelles circonstances cette punition fut encourue. Le gouvernement de la Restauration avait résolu de traduire le maréchal Ney devant un conseil de guerre, pour sa conduite lors du retour de Napoléon de l'île d'Elbe. Les membres de ce conseil furent désignés, Moncey en était le président. Au reçu de la décision qui l'investissait de cette triste mission, il écrivit au ministre de la guerre, pour la décliner, une lettre qui a été souvent citée comme un modèle de courage et de dignité personnelle, mais qui n'en constituait pas moins un refus formel d'obéissance. La réplique du gouvernement fut ce qu'elle pouvait être, dans un moment de violente réaction : destitution de la dignité de maréchal, suppression du titre de duc de Conegliano, trois mois d'arrêts de forteresse. Ce qui n'empêcha pas, huit ans plus tard et sous le même gouvernement, le maréchal Moncey, réintégré dans ses titres et dignités, de commander le 4ᵉ corps de l'armée expéditionnaire d'Espagne et de conquérir la Catalogne, aussi obéi, plus honoré peut-être et plus respecté que s'il n'avait été frappé d'aucune punition.

Les arrêts du maréchal Moncey avaient, il est vrai, un caractère plutôt politique que militaire ; mais ceux que Napoléon infligea au général Gouvion Saint-Cyr, en 1809, avaient un motif essen-

tiellement militaire. Ce général, vexé des reproches qui lui étaient adressés au sujet de la lenteur du siége de Girone, avait demandé un successeur : on lui annonça qu'il était remplacé par
le maréchal Augereau. Trois mois plus tard,
Augereau n'étant pas encore arrivé, Saint-Cyr
partit pour les eaux en se contentant d'écrire à
son successeur qu'il partait. Napoléon lui signifia
de garder les arrêts dans sa terre, avec privation
d'appointements. Ces arrêts furent levés à l'occasion de la naissance du roi de Rome, et Gouvion
Saint-Cyr, appelé au conseil d'Etat avec rappel
de ses appointements, gagna en 1812 la bataille
de Polotsk qui lui valut enfin le bâton de maréchal de France... On voit que les arrêts de rigueur..., mais je ne veux faire aucune allusion
personnelle et je me borne à rappeler les faits, à
titre de curiosité historique, pour montrer qu'il
est bien difficile de trouver sous le soleil quelque
chose d'absolument nouveau.

VI

8 novembre 1887.

Un des plus illustres généraux du premier empire, Morand, ancien commandant de la première division de ce fameux corps de Davout, qui a sa légende à part dans la légende de la grande armée, après s'être couvert de gloire à Auerstaedt, à Eylau, à Wagram, à la Moskowa, avoir déployé au milieu des misères du blocus de

Mayence la plus haute fermeté d'âme et avoir tiré les derniers coups de fusil de Waterloo, à la tête des chasseurs à pied de la garde, mis prématurément à la retraite par le gouvernement de la Restauration, s'est montré, pendant ses loisirs forcés, un écrivain militaire de premier ordre. Le livre publié par lui en 1829, sous ce titre : l'*Armée selon la Charte*, est un peu oublié aujourd'hui et ne se trouve plus guère que dans les bibliothèques publiques. Je me demande pourquoi on ne songe pas à le rééditer, car le titre seul en a vieilli avec quelques détails techniques. Ce livre renferme, à côté de pages d'une haute éloquence et d'une vérité déchirante, dont quelques-unes sont restées classiques, des observations pleines de bon sens, des idées devançant l'époque où elles ont été émises, et des leçons de tactique dont les détails peuvent ne plus concorder avec l'armement actuel, mais qui, dans leurs principes, sont encore et seront toujours vraies.

C'est ainsi que la commission chargée en 1876 de préparer un règlement sur les manœuvres de cavalerie a pu citer le général Morand comme l'inspirateur de son travail, comme le guide qui lui avait montré la route à suivre, et a placé,

en épigraphe, au frontispice du nouveau règlement, ces paroles empruntées au livre l'*Armée
selon la Charte* : « Il faut réduire l'ordonnance à
quelques pages, rejeter tout ce qui est inutile,
et au lieu de fausser l'esprit des officiers et de
charger leur mémoire par une mauvaise étude,
faire en sorte qu'ils n'appliquent leur attention
que sur ce qu'il faut faire sur le champ de bataille. »

A propos de l'avancement, le général Morand
s'exprime ainsi : « L'avancement, qui est une
récompense et un avantage pour celui qui le
reçoit, est aussi une charge et un dépôt. Ce sont
les désastres, c'est le sang du soldat qui expient
les fautes de l'officier et l'erreur d'un mauvais
choix. » Que de tristes exemples on pourrait
invoquer à l'appui de cette observation ; depuis
Soubise perdant honteusement la bataille de
Rosbach jusqu'à Menou laissant les Anglais s'emparer de l'Egypte après la mort de Kléber, jusqu'à Bazaine livrant aux Allemands Metz et sa
belle armée. Et ce n'est pas seulement dans
le commandement suprême que se font sentir
les conséquences d'un mauvais choix ; c'est

à tous les degrés de la hiérarchie qu'il est indispensable de placer des chefs capables, inspirant confiance à leurs soldats. Il y a des moments où une compagnie d'infanterie, par sa résistance héroïque et intelligente, ou un escadron de cavalerie, par son audace et son à propos, peuvent changer l'issue d'une bataille et le sort d'une armée. La répartition de l'avancement a donc un double but : rémunérer les services rendus par les officiers en entretenant parmi eux l'indispensable émulation ; assurer le commandement aux plus dignes et aux plus capables de l'exercer. Ces deux conditions concourent à écarter l'avancement exclusif à l'ancienneté. Il y a longtemps que le prince de Ligne a dit : « L'ancienneté pour l'avancement est bien pernicieuse ; on se repose là-dessus et l'on ne fait rien pour mériter ce qu'on croit qui est dû. » En effet, il ne saurait y avoir d'émulation lorsque tous, quoi qu'ils fassent et quoi qu'ils vaillent, ont des perspectives égales pour leur avenir, invariablement arrêté d'avance et prévu. D'un autre côté, livrer tout l'avancement au choix, c'est donner au corps d'officiers la fièvre d'ambition, c'est décourager ces nombreux et modestes serviteurs qui, sans briller par des qualités saillantes, remplissent avec conscience les devoirs de leur grade et qui ont droit à la rémunération légitime de leurs services.

Rien de plus naturel, par conséquent, que le mode mixte d'avancement, dans lequel l'ancienneté et le choix se combinent suivant des proportions déterminées ; mais à combien d'abus le choix ne donnerait-il pas lieu s'il était livré à l'arbitraire ? L'arbitraire, qui, au dire de Gouvion Saint-Cyr, un des meilleurs ministres de la guerre, sinon le meilleur que la France ait eu le bonheur de compter parmi tant de médiocres, peut produire également dans l'armée, suivant les circonstances, l'inertie ou la fièvre. » C'est à la loi d'avancement et aux règlements qui en sont la conséquence qu'il appartient de rendre cet arbitraire impossible.

La loi d'avancement doit fixer tout d'abord les conditions exigées pour passer d'un grade au suivant, aussi bien à l'ancienneté qu'au choix, c'est-à-dire la limite inférieure du temps à passer dans chaque grade et le degré d'ancienneté relative au-dessous duquel doit s'arrêter le choix, en dehors des circonstances exceptionnelles. La première condition a pour objet d'assurer l'exercice des fonctions d'un grade par une expérience suffisante acquise dans le grade précédent ; la seconde, si elle est bien remplie, doit empêcher le découragement chez les officiers déjà anciens, et mettre un frein salutaire aux trop jeunes et trop ardentes ambitions. La loi d'avancement doit encore fixer la proportion entre les nominations accordées au choix et celles qui sont réservées à l'ancienneté. Le principe qui a fini par prévaloir dans l'armée française et qui est consacré par la loi de 1832, c'est l'accession de tous au premier grade d'officier supérieur, celui de chef de bataillon ou d'escadron ; mais, à partir de ce grade, toutes les nominations sont faites au choix. La loi n'admet pas qu'un officier, si honorable, si zélé, si brave qu'il soit, puisse arriver à être chef de corps sans présenter toutes les garanties nécessaires au point de vue de la capacité.

Je viens de dire que la loi en vigueur sur l'avancement date de 1832. Cette loi, très nette et très claire dans sa rédaction concise, est certainement une de nos meilleures loi militaires. Depuis 1870 on a cependant cherché presque sans relâche, mais sans succès, à lui en substituer une nouvelle. Le Sénat en a même voté une, il y a cinq ou six ans, mais un changement de législature a rendu nul le vote de la Chambre haute et la loi sur l'avancement est encore à faire. La Chambre des députés est actuellement saisie de la question, le titre IV du projet organique du général Boulanger étant, par le fait, un projet de loi sur l'avancement. Ce projet repose sur un système d'examens à outrance, précédés par le séjour dans des écoles militaires, où le degré d'instruction s'échelonne en montant vers les plus hauts grades. J'ai déjà dit ailleurs ce que je pensais de ce mécanisme universitaire, qui nous rapprocherait de la Chine et de son mandarinat; j'y reviendrai plus sérieusement, si la Chambre discute le titre IV du projet organique, et je me borne à parler aujourd'hui des procédés adoptés pour écarter l'arbitraire dans la formation des tableaux d'avancement, c'est-à-dire les listes sur lesquelles doivent figurer les officiers reconnus susceptibles d'être promus au choix et indiquant l'ordre dans lequel ces officiers doivent être nommés. La prochaine réunion de la commission supérieure de classement, composée des commandants de corps d'armée, du gouverneur militaire de Paris et du chef d'état-major général, auxquels une décision toute récente vient d'ajouter les membres du conseil supérieur de la guerre, donne à cette question un caractère d'actualité, d'autant que la commission de classement doit fonctionner cette année dans des conditions nouvelles.

Avant la guerre de 1870, les listes d'aptitude au choix étaient dressées conformément aux indications de l'ordonnance royale de 1838. Pour l'infanterie et la cavalerie, l'avancement avait lieu par régiment jusqu'au grade de capitaine : le tableau était arrêté pour chaque régiment par l'inspecteur général. A partir du grade de chef de bataillon ou d'escadrons, le tableau était établi au ministère de la guerre d'après les propositions admises par les inspecteurs généraux. Cette procédure ouvrait évidemment une large porte à l'arbitraire. Dans l'artillerie et le génie, l'avancement ayant lieu sur toute l'armée, d'une extrémité à l'autre de l'échelle des grades, le soin d'établir la liste d'aptitude était confié à une commission composée de tous les inspecteurs généraux de l'arme. Depuis la guerre, ce mode d'opérer a subi de grandes modifications, et, après plusieurs variations, il se trouva ainsi fixé jusqu'en 1886 : l'avancement ayant lieu par arme et non plus par régiment, des listes générales étaient établies par arme et par grade. Pour l'infanterie, la préparation de ces listes était attribuée dans chaque corps d'armée à une commission composée des deux généraux de division et des quatre généraux de brigade, sous la présidence du commandant de corps d'armée. La liste ainsi établie était définitive pour les grades de lieutenant et de capitaine, et soumise, pour les grades de chef de bataillon, lieutenant-colonel et colonel, à l'examen de la commission supérieure de classement qui, de toutes ces listes partielles, formait la liste générale.

Pour la cavalerie, l'artillerie, le génie, le train des équipages et les divers services militaires tels que l'intendance, le corps de santé, etc., le tableau d'avancement était dressé par la commission des inspecteurs généraux. Toutefois, les listes d'aptitude aux grades de général de division et de général de brigade n'étaient définitivement arrêtées que par la commission supérieure.

Après une première tentative de M. le général

Lewal, ce système avait été complètement bouleversé par un décret rendu le 24 avril 1886, sur l'initiative de M. le général Boulanger. Une commission régionale par corps d'armée, présidée par le commandant du corps d'armée et comprenant de droit, avec lui, les deux généraux commandant les divisions d'infanterie de ce corps d'armée, se complétait pour l'infanterie par les quatre généraux de brigade, pour la cavalerie et l'artillerie par l'inspecteur général et le général commandant la brigade de cavalerie ou l'artillerie du corps d'armée, et, d'une manière analogue, pour les autres armes et services. Cette commission établissait par ordre de préférence, par arme ou service et par grade, des listes de classement qui, jusqu'au grade de lieutenant-colonel, étaient fondues et réduites en une liste unique par les bureaux du ministère, et pour les grades de colonel et de général de brigade par la commission supérieure de classement.

Un décret du 24 août dernier a modifié plus ou moins avantageusement cette procédure en faisant intervenir la commission supérieure pour tous les grades au-dessus de celui de capitaine. En lisant le titre sommaire du décret remplaçant celui du 24 avril 1886, j'avais eu un instant le faux espoir de voir le ministre de la guerre répudier pour une fois l'héritage de son prédécesseur et revenir à des traditions qui ont été abandonnées sans motif sérieux. Mais non ! le système des commissions régionales a été maintenu.

L'ancien système avait l'avantage de faire juger les officiers par des hommes compétents, les ayant vus, les ayant suivis dans leur carrière et présentant toutes les conditions requises pour coter les services et les mérites, afin de tenir compte des uns et des autres dans une juste proportion. Dire qu'on arrivait ainsi à la perfection serait une exagération évidente. De quelques garanties que fût entouré le vote, il présentait encore et forcément, comme toute chose humaine, une part aléatoire ; mais cet aléa existe à un degré bien supérieur dans les commissions régionales, dont la plupart des membres connaissent peu ou point les candidats qu'ils ont à juger.

Le rapport qui précédait le décret du 24 avril 1886 faisait valoir cette considération : donner aux chefs de nos grandes unités militaires la suprématie et l'autorité qu'ils doivent exercer en tout temps et en toutes circonstances.

Appliquée aux commandants de corps d'armée,
cette considération a sa valeur, et j'admettrais
parfaitement que les listes préparées pour les
grades supérieurs par la commission d'inspecteurs généraux fussent révisées et établies en définitive par la commission supérieure, ne fût-ce
que pour tenir compte des officiers employés
dans le service d'état-major. Mais les généraux
de division d'infanterie, en quoi importe-t-il au
respect dont ils doivent être entourés et à l'autorité qu'ils doivent exercer, qu'ils soient chargés
d'apprécier les mérites d'officiers qui ne sont pas
sous leurs ordres et qu'ils ne connaissent pas?

En revanche, l'autorité et la considération des
inspecteurs généraux qui, autrefois, étaient les
représentants du ministre et qui ne sont plus rien
aujourd'hui, sont singulièrement infirmées par le
mode de confection des tableaux d'avancement,
dans lequel ils n'interviennent que comme membres des commissions régionales, au même titre
que les généraux de brigade inspectés par eux,
au même titre que les généraux commandant les
divisions d'infanterie qui, les trois quarts du
temps, n'ont pas vu la moitié des officiers qu'il
s'agit d'apprécier. Comment! c'est l'inspecteur

général qui établira les propositions, qui les soumettra à la commission régionale, et ce sont les généraux de brigade qui voteront sur ces propositions, les admettront ou les rejetteront ! C'est là de la hiérarchie à rebours. C'est la pyramide posée sur la pointe.

Du reste, à quoi bon parler de l'autorité des inspecteurs généraux ? Il n'y en a plus. L'infanterie et la cavalerie sont inspectées par les généraux qui les commandent toute l'année ; l'artillerie et le génie le sont par des officiers généraux désignés spécialement chaque année, mais qui soumettent leur travail au commandant du corps d'armée. Ce ne sont plus les représentants du ministre, voyant pour lui ce qui se passe partout et lui en rendant compte. — On parle de décentraliser l'armée pour activer l'expédition des affaires, et l'on a raison ; mais la décentralisation doit avoir pour contrepoids des inspections sérieuses, sans quoi elle aboutit à l'anarchie. On avait, à certain moment, essayé de créer des inspecteurs d'armée qui, sans être revêtus d'une autorité supérieure à celle des commandants de corps d'armée, étendaient cependant sur eux le droit d'inspection. Cette institution n'a pas donné, paraît-il, de bons résultats, puisqu'elle n'a pas tardé à être supprimée. Si quelque chose a péché cependant, ce n'est pas le principe, c'est son mode d'application. Le nœud de la question, qu'on ne l'oublie pas, est dans cette idée générale : décentralisation des détails et garantie de l'unité de l'armée par des inspections d'ordre supérieur. Les voyages personnels du ministre ne sauraient suppléer ces inspections.

Je trouve dans un livre récemment publié par M. le capitaine Foucard, et intitulé *Iéna*, toute la correspondance relative à la guerre de 1806 contre la Prusse, jusques et compris le 14 octobre, jour de la double bataille d'Iéna et d'Auerstaedt. On y suit pied à pied la pensée de l'empereur dans sa conception première, sans cesse modifiée par les événements mais persévérante et incapable de se laisser troubler par les incidents qui surgissent. Il faudrait bien se garder de croire toutefois qu'à la lecture de si nombreux et si riches documents, on va savoir maintenant comment les choses se sont passées ; on a bien les ordres antérieurs aux faits ; on a aussi les rapports qui sont ultérieurs : il manque la vérité, car les ordres sont rarement exécutés dans toute leur teneur, et les rapports disent ce qui aurait dû être fait plus souvent que ce qui a été fait : Nous en trouvons plus d'un exemple dans le livre de M. Foucard, et notamment celui-ci :

Le 7° corps d'armée commandé par Augereau, formait, à la bataille d'Iéna, la gauche de l'armée ; il avait un rôle difficile à remplir, celui de gravir les pentes d'une grande route qui s'élevait en lacet depuis la vallée de la Saale jusque sur le plateau où se trouvait déjà au centre Lannes, avec le 5° corps et la garde. Au 7° corps était attachée la brigade de cavalerie légère du général Durosnel, composée des 7° et 20° chasseurs. Lorsque la première division d'infanterie eut débouché sur le plateau, « le 7° chasseurs, dit Augereau dans son rapport à l'empereur, chargea vigoureusement l'ennemi et le refoula, mais engagé trop vivement, il se trouva compromis, et serait revenu avec peine, si le 20°, qui le suivait, n'eût à son tour chargé et dégagé le 7°. » Le rapport est formel, et le commandant du 7° corps d'armée cite même les officiers des deux régiments qui se sont distingués dans cette double charge. Eh bien ! M. Foucart reproduit tout au long

le récit très circonstancié d'un officier qui assistait à la bataille d'Iéna comme fourrier au
20ᵉ chasseurs, accompagnant le colonel du dit
régiment.

Cet officier, M. le commandant Parquin, raconte
que le colonel fut tué au moment où, sur l'ordre
qu'il venait d'en recevoir, il se préparait à commander la charge ; qu'alors il retourna, lui fourrier, à sa compagnie, et qu'au bout de quelque
temps le général Durosnel fit faire demi-tour au
régiment pour l'abriter contre le feu de l'ennemi ;
que le 7ᵉ chasseurs, ainsi abandonné à lui-même,
se tira d'affaire en revenant par un autre chemin
et en culbutant sur son passage un régiment de
cavalerie prussien. A moins que le commandant
Parquin, si bien placé pour voir, n'ait tout exprès
altéré la vérité, et il n'avait nulle raison pour le
faire, il faut bien admettre que le 20ᵉ chasseurs
n'a pas chargé et que, sur ce point du moins, le
rapport adressé par Augereau à l'empereur est
quelque peu fantaisiste.

Et voilà comme il est difficile d'écrire l'histoire
et surtout l'histoire militaire...

VII

29 novembre 1887.

A propos du Congrès. — Prétendu régime du sabre. — Régime de l'échafaud. — Les journées de la Révolution. — Le comité de salut public. — Les généraux civils. — Bonaparte. — Le Directoire. — Coup d'État du 18 fructidor. — Prédominance du pouvoir civil. — Sieyès et Joubert. — Le 18 brumaire préparé de longue date. — Le général Cavaignac et Louis Bonaparte. — Le maréchal de Mac-Mahon.

Il ne saurait être question de politique dans ces notes exclusivement militaires, mais il est difficile de se distraire complètement des préoccupations de l'heure présente. En me plaçant à mon point de vue restreint, ce qui me frappe dans les discussions auxquelles donne lieu l'attente du prochain Congrès, c'est l'exclusion

6.

presque passionnée de toute candidature militaire. Quelques-uns, il est vrai, seraient tentés de voir dans le succès d'une telle candidature le salut du pays, le maintien de l'ordre, la dignité de la France devant l'étranger, mais la très grande majorité invoque la subordination de l'élément militaire à l'élément civil et réédite pour la circonstance tous les anciens lieux communs débités jadis contre le régime du sabre...

Je n'ai pas ici à discuter cette opinion, mais j'ai pensé qu'il pourrait être intéressant d'interroger l'histoire de France, pour y chercher quels sont les périls dont la liberté de notre pays a été menacée par le régime du sabre depuis la grande Révolution de 1789. Presque au début de cette Révolution, deux hommes, qui en avaient été d'abord les serviteurs enthousiastes, ont essayé d'enrayer sa marche et d'arrêter ses excès. L'épée de Lafayette d'abord, celle de Dumouriez plus tard pesèrent d'un bien faible poids dans la balance des destinées de la France. Le premier a laissé la mémoire d'une vie pure, d'un beau caractère, d'une popularité longuement et justement acquise ; il était à la tête d'une armée dévouée et disciplinée, mais, lorsque après la journée du 10 août 1792 qui avait déterminé en fait la chute de la royauté constitutionnelle, Lafayette voulut, au nom de la fidélité à son serment, défendre cette royauté contre l'insurrection populaire, son armée lui fit défaut. Le danger de l'invasion, la nécessité inéluctable de grouper dans une entente commune tous les éléments de résistance pour repousser l'étranger, l'emportèrent sur la voix d'un chef aussi populaire. Il comprit que la Révolution était la plus forte et, comme elle sortait de la voie où il était engagé avec elle, il l'abandonna ; accompagné de quelques fidèles, il quitta son armée, mais sans passer à l'ennemi, entre les mains duquel il tomba, pour être traité en prisonnier et pour expier par quatre années de la captivité la plus dure la faute qu'il avait commise.

L'autre, Dumouriez, après avoir contribué plus que qui ce soit à faire échouer les projets de Lafayette, s'empressa de l'imiter dès qu'il se trouva dans une position semblable. Avec plus d'esprit, plus de talents militaires et un caractère infiniment moins honorable, il poussa jusqu'à la trahison sa résistance au parti jacobin qui dominait dans la Convention. Des sentiments

d'ambition personnelle remplaçaient chez lui la
conviction à laquelle avait obéi Lafayette. La
victoire de Jemmapes lui avait donné un prestige
qui s'effaça dans la défaite de Neerwinden et la
déroute d'Aix-la-Chapelle. Poursuivi par ses ennemis politiques, il ouvrit des pourparlers avec
les Autrichiens et entra résolument dans la voie
du crime. Il avait autour de lui quelques régiments de cavalerie assez dévoués pour le suivre
dans cette voie ; il fit arrêter les commissaires
que la Convention lui envoyait pour le rappeler
au devoir et le ministre de la guerre lui-même ;
mais les autres troupes se soulevèrent avec indignation contre lui et, poursuivi par les coups
de fusil des volontaires de l'Yonne, il franchit la
frontière non seulement en déserteur, mais encore en transfuge. Son rôle était fini !... Après la
chute de Dumouriez, la Terreur ne tarda pas à
peser sur les généraux, et l'époque de notre histoire où Custine, Beauharnais, Biron, de Flers,
Houchard périrent successivement sur l'échafaud,
où Hoche et Kellermann n'échappèrent au sort
commun que grâce au renversement du parti jacobin, vit tout l'opposé du régime du sabre : celui de la guillotine. Jamais l'élément militaire

ne fut plus complètement et plus cruellement subordonné à l'élément civil qu'au temps où Saint-Just, par exemple, visitant les travaux de siège devant Charleroy, faisait fusiller, séance tenante, un capitaine d'artillerie dont la batterie lui avait paru mal tenue, et où, pour avoir protesté contre cette exécution sommaire, le général en chef Jourdan n'évita lui-même la mort que grâce à la victoire de Fleurus.

Les différents coups d'État qui signalèrent le règne de la Convention ne furent rien moins que militaires. Le 31 mai 1793 vit le triomphe de l'émeute sur la majorité de l'Assemblée. La célèbre journée du 9 thermidor fut décidée contre la Commune de Paris et contre les comités par les bataillons de la garde nationale restés fidèles à la Convention, et ces bataillons étaient commandés par les députés eux-mêmes ; Barras était improvisé général, et des hommes énergiques, Fréron, Rovère, les deux Bourdon, Legendre, Féraud lui servaient de lieutenants. Lorsque le 2 prairial, an III, les hommes du 9 thermidor triomphèrent définitivement du parti avancé après une lutte acharnée, les députés Soubrany, d'une part, Legendre, Kervéleguen, Auguis, d'autre part,

commandaient aux troupes. Enfin, le 13 vendémiaire, les sections qui appartenaient au parti
monarchiste, ou tout au moins contre-révolu-
tionnaire, ayant une organisation redoutable, la
Convention eut recours aux troupes de ligne
pour sauver la République en péril. Menou, celui-là même qui devait se montrer si incapable
en Egypte, commandait l'armée de l'intérieur, et
compromit, par sa faiblesse, la cause de la Convention. Il fut remplacé par Barras, le vainqueur
du 9 thermidor, qui choisit Bonaparte, alors
simple général de brigade, pour exercer sous ses
ordres le commandement effectif. Ses canons
eurent raison de l'insurrection sur les marches
de Saint-Roch et sur le pont Royal. Mais, en ad-
mettant que ce coup de force eut pour résultat la
suppression des libertés publiques, Bonaparte ne
fut là qu'un instrument subalterne dans les
mains du pouvoir civil.

L'exemple du 18 fructidor an V nous semble
plus concluant encore. La Convention avait disparu ; le pouvoir législatif était confié à deux
conseils, celui des Cinq Cents et celui des Anciens, renouvelables par tiers tous les deux ans.
Le pouvoir exécutif était exercé par cinq direc-

teurs nommés par les conseils. Le premier renouvellement ayant donné la majorité aux partis réactionnaires, trois des cinq directeurs, Barras, La Reveillière et Rewbell, résolurent d'en finir avec cette majorité par un coup d'Etat. La déportation à Cayenne avait remplacé l'échafaud. Un certain nombre de députés, plusieurs ministres et deux directeurs, Carnot et Barthélemy, qui n'avaient pas voulu consentir à ce coup d'Etat, furent arrêtés et condamnés à la déportation. Cette exécution fut toute millitaire, mais les troupes agirent sous l'impulsion et sous la direction du pouvoir civil. Hoche, qui commandait en chef l'armée de Sambre-et-Meuse, désigné comme ministre de la guerre par les fauteurs du coup d'Etat, reçut l'ordre d'envoyer dans les environs de Paris deux divisions d'infanterie et de chasseurs à cheval qui, conduites par le général Richepanse, semblèrent se diriger sur Brest et s'arrêtèrent auprès de la capitale, dans la zone interdite par la constitution à toute troupe armée. Hoche lui-même vint à Paris; les réclamations des conseils le forcèrent à s'éloigner; les deux divisions rebroussèrent chemin. Mais Bonaparte, qui commandait encore en

Italie, envoya au Directoire le général Augereau, porteur d'une adresse menaçante pour les partis réactionnaires. Augereau avait été bien choisi pour cette mission ; assez brave de sa personne, exagérant l'expression de ses sentiments républicains jusqu'à interdire, dans la division qu'il commandait, l'appellation de *monsieur* pour imposer celle de *citoyen*, il était susceptible de tout faire et incapable d'en profiter pour lui-même. Il entra dans Paris à la tête des troupes que l'on avait fait avancer jusqu'à Meudon et envahit les conseils que leur garde ne défendit même pas.

Hoche, dont les opinions républicaines étaient assez ardentes pour lui faire approuver ce coup d'État, se félicita cependant de ce qu'aucun chef d'armée n'y avait participé et surtout de ce qu'Augereau, personnage subalterne, avait bien paru être ce qu'il était réellement, l'agent docile du pouvoir civil.

J'arrive au 18 brumaire. C'est bien là, dira-t-on, un coup d'État militaire. Il s'agit de s'expliquer : l'attentat du 18 brumaire fut le résultat d'un complot ourdi depuis longtemps par la minorité du Directoire contre la majorité. Du jour où Sieyès fut nommé directeur en remplacement de Rewbell, il n'eut qu'un but, celui de renverser le gouvernement, dont il était un des membres, pour lui substituer le pouvoir théorique, produit de ses savantes combinaisons. Appuyé sur son collègue Roger Ducos et sur la majorité du conseil des Anciens, il chercha un militaire capable de servir ses projets, car, depuis le 13 vendémiaire, les coups de force ne s'exécutaient plus à l'aide de la foule descendue dans la rue : l'intervention de l'armée était nécessaire. Sieyès et ses partisans choisirent le général Joubert, un des plus jeunes et des plus illustres lieutenants de Bonaparte ; on le gagna par un riche mariage et, pour lui donner l'autorité nécessaire avec le prestige de la victoire, on l'envoya commander l'armée d'Italie : au lieu de la victoire, il trouva dans les plaines de Novi la défaite et la mort.

Les projets de Sieyès furent alors ajournés, faute d'un général assez important pour y jouer le premier rôle. Dès que Bonaparte fut débarqué, à son retour d'Egypte, il fut désigné par la voix publique pour ce rôle. « Préparant de loin ses destinées ambitieuses, dit très justement M. Mignet, il ne s'était fait l'homme d'aucun système et il les avait tous ménagés pour s'élever de leur consentement. » Je ne raconterai pas comment il fut mis en relation avec Sieyès, comment ils s'entendirent ensemble et comment, en apportant l'appoint de l'armée, il accomplit à son profit personnel la révolution rêvée par un théoricien. Il n'y a dans ce fait du 18 brumaire rien de commun avec l'action d'un général qui, appelé par un vote régulier à la première magistrature, en aurait profité pour opprimer le pays. Plus tard, il est vrai, Bonaparte, muni du pouvoir, se fit décerner le consulat à vie et l'empire héréditaire. Mais on m'accordera bien que ce fut là une brillante exception qui ne saurait aujourd'hui être invoquée comme un argument.

Depuis la chute du premier empire, nous avons vu deux généraux régulièrement appelés à la tête du pouvoir exécutif : en 1848, Cavaignac ; en 1873, le maréchal de Mac-Mahon ; tous les deux ont quitté le pouvoir noblement, simplement et dignement, le jour où la majorité du pays se déclara contre eux, et, si leur exemple peut être invoqué, ce ne sera certainement pas par les adversaires déclarés de toute candidature militaire. J'ajouterai, sans avoir besoin d'en déduire les conséquences, que Cavaignac fut remplacé par le prince Louis Bonaparte, qui n'était pas général et qui n'en transforma pas moins en pouvoir personnel l'autorité qui lui avait été conférée par un vote régulier de la nation.

Je m'arrête, de peur qu'on me prête des intentions que je n'ai pas et dont l'expression serait déplacée dans ces colonnes. J'estime, d'ailleurs, que les généraux sont faits pour défendre le pays et non pour le gouverner, mais j'ai voulu montrer, sans aucun autre mobile que celui de défendre l'armée contre des attaques imméritées, que, même au 18 brumaire, lorsqu'on a vu agir des chefs militaires pour imposer au pays ou à ses mandataires des volontés oppressives, ces chefs obéissaient aux ordres ou aux suggestions d'un pouvoir civil au-dessus ou à côté d'eux. Témoin le coup d'État du 18 fructidor an V...

VIII

13 décembre 1887.

Plans de campagne de Carnot. — Les généraux de la République. — L'échafaud. — Les généraux jacobins. — L'avancement à l'ancienneté. — Le général Elie. — L'avancement arbitraire. — Comment on devenait général en chef. — Carleng. — Choix judicieux de Carnot. — Jourdan et Moreau. — Caractère du génie de Carnot. — La science dans l'armée.

Le nom du grand Carnot, tant de fois cité depuis quelques jours, a reporté ma pensée vers une scène dont je fus le témoin au printemps de 1870. Il était de mode alors, non seulement parmi les députés de l'opposition, mais encore dans le monde savant et lettré, de récriminer contre le militarisme, de protester contre la politique impériale qui menaçait de transformer la France en une vaste caserne, et d'aller même jusqu'à réclamer la suppression des armées permanentes, qui absorbaient une partie des forces vives et intelligentes de la nation.

Un homme des plus distingués, appartenant au monde auquel je fais allusion et poussant jusqu'au superlatif de l'exagération ces idées d'anti-militarisme, m'offrit un jour un billet d'entrée pour une conférence qui devait avoir lieu au cirque du boulevard des Filles-du-Calvaire en faveur de la suppression des armées permanentes. Je me rendis à cette conférence avec le savant qui m'y avait invité : la vaste salle du cirque était comble, et le public qui la remplissait appartenait évidemment à la classe moyenne et au monde intelligent. Après une allocution du président, violemment agressive, contre le despotisme militaire de l'empire, la parole fut donnée au conférencier, dont la diction élégante et facile rajeunit par la forme tous les lieux communs débités depuis longtemps contre la permanence des armées, funeste au développement des sciences, à l'expansion des lettres, aux manifestations de l'art ; puis l'orateur s'étendit avec complaisance sur les vertus champêtres de nos excellents voisins, qui ne demandaient qu'à nous presser dans leurs bras fraternels et à partager avec nous les charmes de leurs foyers paisibles... Enfin, mettant les choses au pis, si, par impossible, ces agneaux transformés en loups, s'avisaient de nous chercher querelle et menaçaient nos frontières de leurs nombreux bataillons, chaque Français, décrochant son fusil suspendu au manteau de la cheminée, volerait de lui-même au devant de l'envahisseur qui reculerait épouvanté devant l'élan du patriotisme surexcité. « Est-il donc besoin, s'écria l'orateur, d'entasser des soldats dans les casernes pendant la paix pour trouver des défenseurs le jour où la patrie en danger appelle tous ses enfants? » Et, se retournant vers le bureau où siégeaient plusieurs hommes politiques en renom, il ajouta d'une voix vibrante : « Interrogez l'histoire, et demandez-lui si, lorsque l'illustre Carnot, frappant du pied le sol de la patrie, en fit sortir quatorze armées, ces armées avaient été préparées à l'avance ?... » Ici, je crus que la salle du Cirque allait crouler sous les applaudissements qui, à plusieurs reprises, recommencèrent avec une nouvelle vigueur. L'enthousiasme était au comble, et quand nous

sortîmes du Cirque, confondus dans les flots pres-
sés de la foule « Qu'avez-vous à dire à cela ? me
demanda le savant qui m'avait amené. Quatorze
armées improvisées, victorieuses et refoulant
l'envahisseur au delà des frontières ! »

— J'ai à dire, lui répondis-je, que c'est la plus
absurde et la plus fausse des légendes. Certes, la
Convention, le comité de Salut public et Carnot,
qui fut l'âme de ce comité pour la défense du
pays, sauvèrent la France et la Révolution par
leur énergique activité ; mais loin d'être une
improvisation, l'œuvre de Carnot, en ce qui concerne l'organisation des armées, fut une reconstitution. Au moment où Carnot et Prieur, de la
Côte-d'Or, son ami, furent appelés à titre d'officiers du génie à faire partie du comité de Salut
public, dont ils n'avaient pas été nommés membres à l'origine, l'armée comprenait : 1° les vieux
régiments de la monarchie, réduits par la désertion et les combats, ne trouvant plus à se recru-
ter, mais renfermant d'excellents éléments pour
le recrutement des cadres; 2° les bataillons de
volontaires, non plus les volontaires de 1791,
animés par l'amour de la patrie, ayant eu le bon
esprit de se nommer pour chefs d'anciens offi-

ciers ou sous-officiers, mais les fédérés de 1792, les réquisitionnés de 1793, indisciplinés et commandés par des chefs incapables. La Convention, voulant détruire jusqu'aux derniers vestiges de l'ancien régime, avait décrété l'amalgame des vieux régiments et des volontaires, à raison d'un bataillon de ligne pour deux bataillons de volontaires : c'était, par le fait, le versement de l'armée dans la garde nationale. L'exécution de cette mesure fut forcément ajournée, parce qu'on était en présence de l'ennemi qui triomphait sur toutes les frontières, et à l'intérieur, en Vendée. Les vieux bataillons soutenaient seuls la lutte et faisaient illusion aux envahisseurs, qui hésitaient à pénétrer plus avant dans le pays... Le péril était immense. La Convention, sur l'initiative du comité de Salut public, décréta, le 23 août 1793, la levée en masse de tous les citoyens, non mariés ou veufs sans enfants, de dix-huit à vingt-cinq ans. Les hommes affluèrent alors aux armées, mais non les soldats. Il fallut en venir à verser tous les hommes de la levée en masse dans les anciens bataillons de volontaires, puis, le 8 janvier 1794, la Convention décida que ces bataillons seraient définitivement amalgamés avec les bataillons de ligne à raison de deux pour un, afin de former les demi-brigades ; les vieilles bandes quittèrent l'habit blanc de la monarchie pour l'habit bleu des volontaires, qui est resté, depuis lors, l'uniforme national, mais par la fusion des cadres, ce fut, en réalité, la garde nationale qui se trouva incorporée dans la ligne. L'armée de la République était créée. La glorieuse campagne de 1794 lui donna l'unité et la cohésion ; elle atteignit dès lors son apogée : Carnot et le comité de Salut public avaient su mettre à profit les éléments de force que renfermait l'ancienne armée ; là résida leur vrai mérite : on n'improvise pas une armée.

En même temps, le comité de Salut public déployait une activité et une énergie sans pareilles pour réunir l'armement, le matériel et les approvisionnements nécessaires. « Aucun effort, aucun sacrifice ne coûtait », dit à ce sujet un historien allemand peu bienveillant pour la France. « Les haines de partis elles-mêmes disparaissaient en présence de ce but unique, la guerre ». L'organisation du matériel fut surtout dans le comité de Salut public l'œuvre de Prieur de la Côte-d'Or, secondé par Robert Lindet et Prieur de la Marne ; Carnot eut pour haute mission la direction supérieure des opérations militaires. Grâce à lui, une vue d'ensemble présida désormais aux mouvements de toutes les armées : l'esprit de suite dans les plans et la fermeté dans l'exécution donnèrent à des masses jusque là désordonnées une imposante et redoutable unité. Ici encore la légende s'est mêlée à l'histoire ; on a fait honneur à Carnot de la nouvelle tactique adoptée par les généraux, et dont les jeunes soldats, imparfaitement instruits, tirèrent un admirable parti. Des bataillons entiers se déployaient en tirailleurs, et, dans cet ordre à la fois dense et dispersé, chassaient l'ennemi des positions sur lesquelles venaient s'établir les colonnes, entraînées par le chant de la *Marseillaise* et l'exemple des généraux. Cette manière de combattre, dont la tactique moderne diffère peut-être moins qu'on ne le croit, était le fruit des méditations et des discussions auxquelles avaient donné lieu, pendant la seconde moitié du dix-huitième siècle, l'*ordre mince* et l'*ordre profond*, l'attaque prononcée par de longues lignes de bataille redoutables par leurs feux, suivant le mode prussien, ou par les lignes repliées en colonnes auxquelles leur profondeur donnait toute la puissance du choc. Ces deux modes avaient été opposés l'un à l'autre au camp de Vaussieux, commandé en 1778 par le maréchal de Broglie. La conviction qui en était résultée chez les meilleurs officiers de ce temps-là, c'est que la vérité était entre les deux extrêmes ; et l'infanterie de la République ne fit que mettre en pratique les idées formulées sous la monarchie. D'ailleurs, Carnot, qui travaillait dans son cabinet, ne s'occupait pas des procédés de combat et, voyant les choses de plus haut, ne réglait que les mouvements généraux. Son principal titre de gloire, ce qui lui a valu le surnom d'organisateur de la victoire, c'est d'avoir discerné ceux de ces mouvements qui devaient être décisifs. Quant aux détails de ses plans, il confia le soin de les régler à des bureaux où des officiers du plus haut mérite, appartenant à la caste persécutée, furent à la fois les confidents de sa pensée et les protégés de son patriotisme.

Quant aux généraux, ils ne furent plus, pour la plupart, que les instruments d'une volonté supérieure, mais le choix de ces instruments fit encore le plus grand honneur à Carnot et à ses conseillers. Le commandement des armées, sous l'autorité de la Convention, subit plusieurs phases contradictoires. Les généraux de l'armée royale, les Broglie et les Bouillé, avaient disparu même avant l'ouverture des hostilités; ceux qui leur succédèrent, les Luckner, les Rochambeau, les Lafayette, les Dumouriez, ne durèrent pas beaucoup plus : Lafayette et Dumouriez échappèrent à la proscription par la fuite; Luckner perdit la tête sur l'échafaud, Rochambeau fut sauvé par la révolution du 9 thermidor, à laquelle Kellermann, qui datait aussi du début de la guerre, fut également redevable de la vie. Vint ensuite une série de généraux issus de l'ancienne armée : Custine, Houchard, Beauharnais, Biron, Montesquiou, de Flers; ceux-là périrent tous, ou presque tous, victimes de la fureur révolutionnaire, et eurent pour successeurs les généraux jacobins, militaires improvisés : les Rousin, les Rossignol, les Santerre, les Doppet, les Carteaux, les Léchelle, etc. En quelques semaines, ils conduisirent la France à deux doigts de sa perte. En même temps, la loi sur l'avancement de 1793 produisait les résultats les plus incroyables. Tout l'avancement était donné à l'ancienneté, non pas à l'ancienneté de grade, mais à l'ancienneté de service. Un soldat, s'il était le plus ancien du régiment, pouvait ainsi parvenir, en quelques jours, au grade le plus élevé; témoin Élie, le grand vainqueur de la Bastille, nommé en 1793 général de division, et dont le nom est resté, dans l'histoire du temps, entouré de l'auréole du ridicule.

Il fallait absolument changer de système : l'arbitraire le plus complet devint la seule règle. Les commissaires de la Convention, représentants du peuple aux armées, portèrent au commandement en chef qui bon leur sembla. Un pareil procédé, fait observer avec soin Gouvion Saint-Cyr, présentait des inconvénients évidents, mais le remède s'y trouvait à côté du mal, les représentants du peuple destituant, avec la même facilité qu'ils avaient mis à les nommer, les généraux dont ils reconnaissaient l'incapacité. Il y eut à ce moment de singuliers choix. Savary, duc de Rovigo, qui se trouvait alors à l'armée du Rhin, raconte dans ses *Mémoires* qu'un jour la brigade dont il faisait partie prit trois fois les armes, la première fois pour reconnaître comme général de brigade le citoyen Carleng, la seconde fois pour saluer le même en qualité de général de division, la troisième fois pour l'entendre proclamer général en chef. Voici ce qui était arirvé :

Un des représentants du peuple auprès de l'armée du Rhin ayant demandé à un officier de ses amis s'il n'avait pas quelque camarade susceptible de faire un bon général, l'officier lui indiqua le chef de bataillon Carleng, qui commandait le dépôt de son régiment. Aussitôt ordre est envoyé au citoyen Carleng de se rendre au quartier général de l'armée du Rhin, où il est nommé et reçu général de brigade. Or, le général en chef de cette armée, Landremont, venait d'être destitué comme ancien noble, et, dans le but de pourvoir à son remplacement, tous les généraux étaient convoqués par les représentants. Dans cette réunion, le poste dangereux de général en chef fut offert à plusieurs d'entre eux, qui alléguèrent divers motifs pour refuser. Cependant, le général Férino allait être forcé de se soumettre à la volonté des commissaires de la Convention, lorsqu'il avisa Carleng qui, ne connaissant personne, se tenait modestement à l'écart, et lui demanda s'il ne se sentait pas la force d'exercer le commandement. Devant cette apostrophe, Carleng resta muet, et on se hâta de lui appliquer le vieil adage : qui ne dit mot consent. Seulement, comme il n'était encore que général de brigade, et cela depuis le matin, on commença par en faire un général de division, puis immédiatement après un général en chef.

Investi de ces hautes fonctions, Carleng découvrit que les régiments n'étaient pas disposés de la droite à la gauche dans l'ordre de leurs numéros et que les généraux de brigade et de division se trouvaient placés sous la ligne de bataille indépendamment de leur rang d'ancienneté. Il se livra à un long travail pour classer régulièrement sur le papier les régiments et les généraux, puis il ordonna un vaste chassé-croisé dans le but de mettre chacun à sa place; mais l'ennemi, ne lui laissant pas le temps d'exécuter ce beau plan de symétrie, força l'armée d'abandonner les lignes de Wissembourg et, du coup, Carleng fut destitué, bien heureux encore d'en être quitte à si bon marché.

Tout cela changea lorsque le comité de salut public prit en mains la nomination des généraux, et l'un des mérites de Carnot fut le discernement avec lequel il choisit, parmi les officiers, les plus dignes d'exercer le commandement. Hoche et Pichegru avaient été antérieurement désignés : l'un était un ancien sous-officier aux gardes françaises, l'autre un officier d'artillerie; mais Jourdan et Moreau, parmi bien d'autres, durent leur élévation à Carnot. Jourdan était un ancien soldat de la guerre d'Amérique, volontaire en 1791 et nommé chef d'un bataillon de la Haute-Vienne par ses concitoyens. La pénurie d'officiers l'avait fait nommer général de brigade après la fuite de Dumouriez, au mois de mars 1793; deux mois après il était général de division. Appelé au commandement en chef de l'armée du Nord, après l'arrestation de Houchard, le 21 septembre, il refusa énergiquement ce poste et ne céda que devant la menace d'être arrêté lui-même. Quant à Moreau, il fut le seul des généraux de la République qui n'eût pas servi dans l'ancienne armée; d'avocat il était devenu chef d'un bataillon de volontaires, et il ne doit être considéré que comme une brillante exception.

Pour en revenir à Carnot, si la légende qui s'est faite autour de son nom s'écarte parfois de l'histoire, on peut dire que l'histoire fut en lui bien au-dessus des fantaisies de la légende. Ce qui caractérisa son génie, ce fut surtout une volonté ferme et sûre d'elle-même et l'absence de toute passion en dehors de la science et de la vérité.

La science! Il semble, au premier abord, qu'elle soit peu compatible avec les exigences de la vie militaire et surtout avec les habitudes d'obéissance passive ou de commandement absolu sous lesquelles les intelligences ont une tendance à se niveler, en acceptant les doctrines toutes faites; mais, si les officiers qui se sont voués au culte de la science ne forment dans l'armée qu'une faible minorité, ils sont assez nombreux cependant pour que ce culte n'y chôme pas. Bonaparte n'est pas le seul général dont le nom figure sur les listes de l'Institut, et, pour ne parler que des morts, Piobert, Poncelet, Morin y font assez bonne figure. C'est surtout, et même presque exclusivement dans les armes dites spéciales, que se trouvent les officiers savants, ce qui tient, d'une part, à l'éducation de l'École polytechnique, d'autre part, aux études profondes que nécessite le perfectionnement des engins modernes. Les officiers d'artillerie, du génie ou de la marine qui se sont adonnés à la science pure sont en petit nombre relativement à ceux qui, comme l'illustre général Treüille de Beaulieu (pour ne toujours rien dire des vivants), se sont surtout préoccupés des applications de la science au perfectionnement des moyens d'attaque et de défense. Il n'est presque pas de jour qui ne voie éclore quelque travail remarquable dû aux recherches de ces officiers savants, dont le mérite est d'autant plus grand qu'ils n'écrivent que pour les adeptes, et que l'espoir d'attirer sur leur nom une parcelle de l'attention publique ne saurait leur servir de stimulant.

IX

26 décembre 1887.

Inconvénients des changements continuels. — Suppression des compagnies de dépôt. — Importance du rôle de ces dépôts. — La guerre de Crimée et la guerre de 1870. — Napoléon 1er. — La guerre d'Espagne. — Campagnes de 1806 et de 1807. — Morale militaire en action. — Affection réciproque du chef et des soldats. — Les grenadiers du 15e en Portugal. — Curély et les chasseurs du 20e. — Van Marisy et le 7e hussards. — Auguste Colbert et le deuil du 3e hussards.

L'armée française ressemble un peu, pour le moment, à un malade qui viendrait de passer successivement par les mains de plusieurs médecins et aurait subi les alternatives de plusieurs traitements contradictoires. Fatigué de tous les remèdes, ce malade aurait besoin surtout de repos, de grand air et de régime. De même l'armée, éprouvée par les changements fréquents de ministre, demande à se recueillir et à se retrouver après toutes les lois, tous les décrets, les décisions, instructions, circulaires dont elle a été abreuvée depuis quelque temps.

Lorsqu'un pays est condamné à une sorte de qui-vive perpétuel, bien décidé à conserver la paix tant qu'elle sera moralement possible, mais également déterminé à soutenir la guerre avec énergie le jour où elle deviendrait matériellement et moralement inévitable, l'armée de ce pays doit être constamment et incessamment prête à la lutte. Elle doit, par conséquent, ne jamais être exposée à se voir prendre en flagrant délit de transformation, et il importe au salut de la France que l'on ne jette pas le trouble dans des institutions dont la défectuosité, en supposant qu'elle fût réelle, serait encore préférable au bouleversement. C'est se bercer d'une illusion dangereuse que se figurer la prochaine guerre nécessairement précédée d'une période de négociations, de difficultés internationales et de préparation militaire. La foudre n'est pas toujours annoncée par les nuages, et, dans l'état de tension où sont aujourd'hui les rapports entre les gouvernements européens, la cause déterminante d'une hostilité déclarée peut surgir instantanément de l'incident le plus imprévu. Le devoir d'un ministre de la guerre, au jour et à l'heure actuels, est donc d'assurer le fonctionnement de la machine compliquée dont la direction lui est confiée, et non pas de briser les organes de cette machine pour leur en substituer d'autres.

Je ne sais si je me trompe, mais il semble que le nouveau ministre de la guerre ait compris de la sorte sa haute et importante mission. S'il en est ainsi, l'armée va enfin respirer, après tant de suppressions, de créations et de formations qui ont dérouté les jugements les plus droits et agité les esprits les plus calmes. L'incertitude du lendemain produit fatalement l'hésitation et le désordre ; or l'armée a besoin de décision aussi bien que d'ordre. Dans tous les cas, avant de procéder à de nouveaux changements il serait bon de voir un peu l'effet produit par les transformations récentes, et il en est, dans le nombre, qui ont été, qui sont encore fortement critiquées. Telle est, par exemple, la suppression absolue des compagnies de dépôt. Il y a six mois, chaque régiment d'infanterie comprenait deux de ces compagnies, chaque bataillon de chasseurs à pied en comprenait une. Aujourd'hui il n'en existe plus nulle part. Ne servaient-elles donc à rien?... Évidemment non, répondra-t-on peut-être, car les Allemands n'en ont pas, et c'est là un argument qui tient lieu de toute raison sérieuse. Il est vrai que les Russes, les Autrichiens, les Anglais ont des compagnies de dépôt dans leurs régiments. Mais les Allemands n'en ont pas!

Il tombe cependant sous le sens, même pour les personnes les moins versées dans les questions d'organisation militaire, qu'une des conditions essentielles de la mobilité d'une troupe est l'absence de tout embarras qui soit de nature à gêner ses mouvements. Aussi un régiment ou un bataillon qui se mobilise doit-il laisser derrière lui un personnel et un matériel considérables : les hommes en excédent sur les effectifs de guerre ou insuffisamment instruits ou trop faibles pour être envoyés à l'ennemi, les magasins d'effets et d'armes, tous les objets nécessaires en temps de paix et inutiles en campagne, en un mot tout ce qui constitue le dépôt. Il serait un peu long peut-être de montrer à tous mes lecteurs comment, même en temps de paix, il existe quelque chose de ce dépôt. Mais passons condamnation sur le temps de paix. Aussi bien ce qui est le plus important, c'est le cas de guerre.

Un régiment reçoit l'ordre de mobiliser ses bataillons actifs; il lui faut immédiatement verser au dépôt tout le matériel et le personnel qui doivent rester en arrière : si donc il ne préexiste pas de compagnies de dépôt, elles doivent être créées sur-le-champ et de toutes pièces avec des cadres désignés à l'avance et tirés de la réserve, arrachés brusquement à la vie civile pour venir reprendre, au moment le plus difficile, les habitudes perdues. La tâche la plus compliquée de la mobilisation est ainsi confiée à un personnel sans cohésion, formé d'éléments disparates, étrangers les uns aux autres, n'ayant pu, dans des stages passagers et de courte durée, s'inspirer la confiance mutuelle indispensable pour mener à bonne fin l'œuvre difficile qui leur incombe en commun.

Pour bien se rendre compte de l'importance des dépôts pendant la guerre, il suffit d'étudier les conditions d'existence d'une grande armée, qui ne peut vivre sans être incessamment ravitaillée non seulement en vivres, en munitions, en vêtements, en chaussures, etc., mais en chevaux et en hommes. A peine les effectifs sont-ils complets qu'ils commencent à diminuer; la maladie, qui sévit si facilement sur les grandes agglomérations humaines, la fatigue si dure à supporter pendant la période d'entraînement et bientôt le feu de l'ennemi produisent des vides qu'il faut immédiatement combler, sous peine de voir l'armée se réduire à rien. L'histoire nous apprend comment fondent les armées, même avant de se battre, et comment elles fondent d'autant plus rapidement qu'elles sont plus nombreuses.

J'ai vu en Crimée et de très près, pendant la guerre de 1854-1856, une batterie d'artillerie à cheval dont l'effectif était de 280 hommes, et qui pendant la seule année 1855, avait eu à porter sur ses livres de comptabilité plus de 1,200 hommes : ce qui prouve que le personnel de cette batterie s'était en une année renouvelé trois fois, et que 900 hommes habillés, armés, équipés, instruits, lui avaient été envoyés du dépôt du régiment. Cela n'était pas difficile à la vérité, parce que ce dépôt n'avait à ravitailler que deux batteries ; mais, pendant la guerre de 1870-1871, 12 dépôts d'artillerie mirent sur pied, du 17 septembre 1870 au 1er février 1871, 177 batteries complètes, avec les réserves divisionnaires et les parcs correspondants ; en outre, ils eurent à entretenir constamment les effectifs de ces batteries lorsqu'elles se trouvèrent aux armées, en sorte que le personnel armé, équipé et instruit, sorti des dépôts s'éleva en tout, pendant une période de quatre mois et demi, à 46,000 hommes et 42,000 chevaux, soit une moyenne de 4,000 hommes et 3,500 chevaux par dépôt. Pendant le même temps les dépôts d'infanterie envoyèrent aux armées 270 bataillons formant un effectif total de 240,000 hommes.

Napoléon Ier, dont le génie organisateur descendait dans les moindres détails, sans cesser d'embrasser l'ensemble, accordait autant sinon plus d'attention à ses dépôts qu'à ses régiments actifs. La distance à laquelle il opérait et la lenteur des communications l'obligeaient à former des rassemblements intermédiaires où étaient groupés les détachements destinés aux divers corps de troupes : il en donnait le commandement à des généraux investis de toute sa confiance et les chargeait de veiller à ce qu'ils fussent bien pourvus de tout avant d'être dirigés sur l'armée. Le vieux maréchal Kellermann, le vainqueur de Valmy, lui rendit, à ce point de vue, d'incontestables services pendant toutes ses guerres. C'était dans les dépôts de l'intérieur que les hommes étaient, au fur et à mesure des appels, habillés, armés et formés.

Dans des circonstances critiques où ses forces militaires étaient absorbées par des luttes gigantesques, les dépôts fournirent à Napoléon toutes les ressources nécessaires pour parer aux événements loin du théâtre principal de la guerre. C'est ainsi qu'à la fin de 1807, alors que la grande armée occupait encore la Pologne, la Silésie et une partie de l'Allemagne, un corps d'armée de 40,000 hommes fut tiré des dépôts pour être envoyé en Portugal, sous les ordres de Junot. Bientôt trois autres corps d'armée, formés de même, purent être dirigés sur l'Espagne.

Ce furent là, il est vrai, les abus du génie, mais le fonctionnement normal des dépôts qui consistait dans le ravitaillement et le renforcement de l'armée mit Napoléon à même d'accomplir des prodiges. Le général Morand, dans son livre l'*Armée selon la Charte*, évoquant le souvenir des grands événements dans lesquels il avait figuré comme un des plus glorieux acteurs, nous a signalé une des principales causes des succès éclatants de la campagne de Prusse en 1806. L'armée était restée, depuis la paix de Presbourg avec l'Autriche, cantonnée en Bavière, dans le Wurtemberg et autres pays alliés ; ses effectifs étaient sensiblement réduits et le chiffre en était connu de la Prusse ; mais, au moment de franchir les défilés de la Thuringe pour tomber dans la vallée de la Saale, les régiments furent grossis par le versement des hommes venus des dépôts. C'est ainsi, dit le général Morand, que « la Prusse trompée par l'effectif des régiments français stationnés en Allemagne et croyant les surprendre dans leurs cantonnements, se trouva envahie le jour même qu'elle déclara la guerre et qu'elle eut à combattre les régiments complétés et parvenus entre les lignes de son armée, au moment même qu'elle avait choisi pour les accabler, dispersés dans leurs campements. »

De même, au printemps de 1807, entre la bataille d'Eylau et celle de Friedland, l'effectif des combattants de la grande armée fut porté de 80,000 à 150,000 hommes par les renforts venus des dépôts. Il est bien évident que les choses ne se passeront plus de la même façon dans nos prochaines guerres. Je n'ai point, et bien d'autres ne sauraient émettre la prétention de prévoir le cours des événements. Le jeu des parties belligérantes semble cependant indiqué dans une certaine mesure. L'intérêt de nos ennemis devra être de mettre en ligne, dès le début, toutes les forces dont ils pourront disposer pour tenter de nous assommer du premier coup et de nous mettre hors d'état de continuer la lutte, avant de se retourner vers d'autres adversaires plus lents que nous à entrer en ligne. Notre but sera, par conséquent, de prolonger la résistance le plus possible, de manière à placer nos envahisseurs dans l'alternative de lâcher leur proie en passant sur notre frontière de l'offensive à la défensive, ou de risquer, en s'acharnant sur nous, de se faire écraser ailleurs. Or, ce dont nous sommes capables en fait de résistance prolongée, nous l'avons montré en 1870 et 1871, dans les conditions les plus défavorables que l'on puisse imaginer, dans les cir-

constances les plus critiques où une nation puisse
se trouver. Il est donc permis de l'espérer, avec
toutes nos ressources préparées à l'avance, avec
nos formations de seconde ligne, bien pénétrés,
d'ailleurs, de l'idée que nous combattrions pour
notre existence même, nous opposerions aux
progrès de l'ennemi une résistance bien autrement efficace que celle de 1870... Dans ces conditions, le rôle de nos dépôts, source intarissable
des renforts nécessaires, deviendrait capital. On
ne saurait donc les organiser trop sérieusement.
Le dépôt d'un régiment ne doit pas être une
formation hâtive, éclose dans le coup de feu
de la mobilisation. Les cadres doivent en
être permanents et préparés de longue main,
pendant la paix, à l'importante besogne qui leur
incombera en cas de guerre. Je ne me permettrais pas d'insister sur ce point si je ne savais
être l'interprète de la pensée d'hommes bien
autrement compétents et autorisés que je ne
saurais l'être moi-même. Il y a quelque temps,
j'avais occasion de voyager avec un de nos commandants de corps d'armée, un des plus intelli-
gents et des plus expérimentés. Il m'exprima sur
la suppression des dépôts et la nécessité de leur

rétablissement l'opinion la plus catégorique et je sais que, parmi ses collègues, il est loin d'être le seul de son avis. Je ne m'étonnerais pas le moins du monde de voir cet avis partagé par le nouveau ministre de la guerre (1), qui lui aussi était un commandant de corps d'armée expérimenté et qui, ancien membre de la grande famille de l'infanterie, doit en connaître les aspirations et les besoins.

Quelle que soit, en particulier, la valeur de chacune des dispositions adoptées et mises en vigueur depuis 1870 pour la préparation de la guerre, on ne saurait nier que l'ensemble constitue, relativement aux dispositions antérieures, un progrès considérable au point de vue matériel et au point de vue technique. Resterait à envisager le côté moral de cette préparation, qui semble avoir été relégué au second plan.

Quelques-unes des mesures prises sous le ministère de M. le général Boulanger ont eu pour effet de relever l'esprit militaire et de réagir contre les habitudes bourgeoises qui tendent à s'introduire dans l'armée. Telles sont la pério-

(1) M. le général Logerot.

dicité des revues de garnison, l'institution des salles d'honneur dans les régiments, la révision des historiques des corps de troupes. Je voudrais, pour que la réaction fût complète, non pas, certes, voir pénétrer les habitudes militaires dans la société civile, mais inspirer à la jeunesse française, appelée tout entière à figurer sous les drapeaux, l'idée saine et fortifiante des vertus guerrières.

Ce n'est pas que les livres militaires manquent ; ils foisonnent jusqu'au milieu des publications destinées à faire aux prochaines étrennes la joie des enfants et l'embarras des parents, qui ne sauront lequel choisir. Au-dessous de ces livres de luxe et d'amusement, dont il ne m'appartient pas de faire ici l'éloge ou la critique, je voudrais voir figurer, parmi les manuels destinés à l'éducation des enfants, une sorte de morale militaire en action, recueil d'anecdotes vraies, sans phrases et sans métaphysique. Empruntées aux annales du passé ou fournies par la chronique du présent, plus riche qu'on ne veut le bien dire en exemples réconfortants, ces anecdotes pourraient contribuer à graver dans de jeunes âmes, encore dociles aux saines impressions, l'idée des devoirs du soldat, qui doivent être désormais les devoirs du citoyen.

J'avais cru un instant pouvoir écrire moi-même ce recueil. Distrait par d'autres soins, j'en ai été empêché; mais, à titre de spécimen, je reproduis ici l'article relatif à l'affection réciproque du chef et des soldats. On me trouvera peut-être un peu naïf et rétrograde; ne vaut-il pas mieux pourtant arrêter sa pensée sur des souvenirs consolants que de s'étendre avec une sorte de complaisance sur des scandales qui, après tout, ne sont que des exceptions douloureuses, comme toutes les époques en ont vu se produire?

Affection des soldats pour leurs chefs. — Heureux le chef qui a su gagner l'affection de ses soldats; ils le suivront partout avec confiance et, aux jours du malheur ou du danger, il les trouvera toujours prêts à lui venir en aide.

En 1809, pendant la retraite désastreuse de l'armée de Portugal, sous les ordres du maréchal Soult, le major Dulong, commandant le 15e régiment d'infanterie, qui, par un trait d'audace, venait de sauver cette armée d'une perte certaine fut, dans un combat d'avant-garde, grièvement blessé d'une balle à la tête. La colonne, forcée d'abandonner toute son artillerie et tous ses bagages, ne traînait avec elle aucune voiture et suivait, sur le flanc des montagnes, un sentier ayant à peine un pied de largeur, bordé à droite par des rochers à pic et des pentes inaccessibles, à gauche par des ravins et des précipices affreux. Les paysans portugais faisaient souffrir d'horribles tortures aux blessés qui tombaient vivants entre leurs mains.

Lorsque le major Dulong se sentit frappé, il ordonna aux soldats de son régiment de continuer leur marche, mais de lui épargner les mauvais traitements de l'ennemi, en achevant de le faire mourir. Les grenadiers du 15ᵉ, ne voulant pas l'abandonner, construisirent un brancard, y placèrent leur chef et, quoique harassés et tourmentés par la faim, ils le portèrent sur leurs épaules pendant plusieurs jours jusqu'à Lugo, où l'armée se reposa. Le général Heudelet, qui commandait la division, avait fait mettre à l'ordre que le major Dulong serait porté à tour de rôle par les grenadiers des différents régiments de cette division, mais les grenadiers du 15ᵉ ne voulurent pas consentir à cet arrangement et déclarèrent qu'ils n'abandonneraient pas celui qui les avait si souvent conduits à la victoire.

Curély, un des plus illustres cavaliers de la grande armée, avait amené en 1811, depuis Nantes jusque dans la Haute-Catalogne, un escadron du 20ᵉ chasseurs formé par ses soins et dans lequel il avait fait entrer tous les plus mauvais sujets du régiment, persuadé que, par un mélange de sollicitude pour tous et de sévérité inflexible pour ceux qui se rendraient coupables de fautes graves, il arriverait à en faire une troupe excellente. Il raconte lui-même qu'en suivant vis-à-vis d'eux cette ligne de conduite il était arrivé à gagner entièrement leur affection. Rien ne leur coûtait pour lui plaire ; la crainte de le mécontenter suffit toujours pour les empêcher de faire le moindre mal, et cela pendant longtemps, car de Catalogne il les emmena en Russie pour la campagne de 1812.

Le même Curély, étant simple hussard au 7ᵉ régiment, avait été, dans la campagne de 1796, témoin d'une preuve d'affection donnée au colonel par tout le régiment. C'était au combat de Bopfingen, livré aux Autrichiens par l'armée de Rhin-et-Moselle. Le colonel Van Marisy, voyant une troupe d'infanterie cernée par la cavalerie ennemie, avait poussé une charge vigoureuse avec le 7ᵉ hussards pour la dégager. La charge avait brillamment réussi, mais, ramené par des forces supérieures, le 7ᵉ avait dû revenir en arrière. Tout à coup les hussards s'aperçoivent qu'ils n'ont plus avec eux leur colonel qui, tombé à terre sous son cheval tué, venait d'être relevé par l'ennemi et fait prisonnier. D'un seul cri unanime et spontané tout le régiment s'écrie : « Sauvons notre colonel », la ligne s'ébranle comme d'elle-même au galop et s'élance à la charge, les Autrichiens sont culbutés, Van Marisy est arraché de leurs mains; un hussard saute à terre, lui donne son cheval et, faisant de nouveau demi-tour, le régiment l'entraîne en sûreté, avant que la nombreuse cavalerie ennemie ait eu le temps de se reconnaitre. Tout cela s'était passé avec la rapidité de l'éclair... « Van Marisy était un bon chef, dit Curély, et il méritait ce que son régiment fit pour lui. »

Lorsque le général Auguste Colbert fut tué, en Espagne, dans un combat d'avant-garde, le 3ᵉ hussards qui servait sous ses ordres depuis quatre ans et qu'il avait commandé à Elchingen, à Iéna, à Friedland, demanda à prendre le deuil et, pendant deux ans, le régiment porta à son schako des flammes noires au lieu de la flamme rouge réglementaire. Ce même Auguste Colbert, qui avait été nommé colonel du 10e chasseurs à vingt-trois ans et dont la mort prématurée (il avait trente-deux ans et sa nomination au grade de général de division était signée), priva l'armée française d'un général de cavalerie de premier ordre, a très bien indiqué le moyen pratique de gagner l'affection du soldat. « Il faut, dit-il dans un mémoire des plus remarquables adressé au ministre de la guerre en 1802, assurer la discipline par l'administration. L'homme physique a tellement d'influence sur l'homme moral que, chez le soldat, il faut commencer par régler et assurer ses besoins. » C'est aussi ce que Curély nous apprend, comme je le rappelais tout à l'heure.

Lorsque notre armée de l'Est entra en Suisse, à la fin du mois de janvier 1871, un régiment d'infanterie se distinguait de ses voisins par sa tenue et sa belle apparence. Comme les habitants en demandaient la raison : « C'est, répondirent les soldats, que nous avions un bon colonel qui a eu soin de nous. »

Après tout, les hommes réunis sont un peu comme les enfants ; ils ont un instinct infaillible pour sentir qui les aime, et la première condition pour être aimé du soldat est de l'aimer soi-même.

3 janvier 1883.

Ancienne gendarmerie, cavalerie d'élite. — Maréchaussée, corps de gendarmerie créé en 1790. — Dualité du personnel affecté à la sûreté de Paris. — Agents civils et corps de troupe militaires. — Origine du guet. — Le guet royal et le guet bourgeois. — Le chevalier du guet. Garde nationale, compagnies soldées. — Gendarmerie de Paris. — Légion de police. — Garde municipale. — Gendarmerie royale. — Garde civique. — Garde de Paris. — Garde républicaine.

Parmi les mots de notre langue militaire qui ont été détournés de leur signification primitive pour prendre, avec le temps, une acception toute différente, il en est peu qui aient subi un changement plus complet que les mots de *gendarme* et de *gendarmerie*. Le mot de gendarme était lui-même un barbarisme enfanté par

l'usage pour remplacer la dénomination origi-
nelle d'homme d'armes. Au lieu de dire : les
hommes d'armes, on avait dit tout naturellement : les gens d'armes ; puis, pour plus de simplicité, en un seul mot, les gendarmes et, au
singulier, un gendarme. Ainsi étaient désignés
les cavaliers-maîtres des compagnies d'ordonnance créées en 1445 par Charles VII, lorsque
l'expérience de la guerre de Cent ans eut démontré la nécessité d'une force permanente
pour la défense du royaume. Les compagnies
d'ordonnance devinrent plus tard la Gendarmerie, qui prenait rang après la Maison du Roi et
qui se couvrit de gloire dans toutes les guerres
des règnes de Louis XIV et de Louis XV. Cette
gendarmerie ou cavalerie d'élite fut supprimée
en 1788.

La gendarmerie actuelle est l'héritière de la
maréchaussée, milice à cheval qui dépendait
directement des maréchaux de France, et qui
fut supprimée en 1790 par suite de l'impopula-
rité qu'elle s'était acquise en remplissant fidèlement son devoir dans la répression des troubles de 1789 et 1790. La gendarmerie, créée
par décret de l'Assemblée nationale en date du

22 décembre 1790, était dans l'origine un corps
à la fois civil et militaire. Je n'ai pas l'intention
de raconter ici l'histoire de ce corps et d'insister sur l'importance de son rôle, importance que
personne ne conteste d'ailleurs et qui a pris un
développement considérable depuis que tout le
mécanisme de la mobilisation repose sur la gendarmerie. Je voudrais seulement dire quelques
mots des troupes qui, aux différentes époques
de notre histoire, ont été chargées du service de
la ville de Paris, confié aujourd'hui à la Oarde
Républicaine.

Le personnel actuellement chargé de la garde
et de la sûreté de Paris comprend deux catégories bien distinctes : 1° des agents civils
(gardiens de la paix) non assermentés, dépendant complétement du ministre de l'intérieur
et du préfet de police ; 2° un corps militaire
(garde républicaine) assimilé à la gendarmerie,
dont il fait partie intégrante, composé, par conséquent, d'hommes assermentés pouvant dresser
procès-verbal, dépendant du ministre de la
guerre pour l'administration et le commandement, mais relevant du ministre de l'intérieur
pour le service de la sûreté de Paris et du par-

guet pour la police judiciaire. Cette dualité a existé de tout temps ; elle s'est même compliquée, pendant de longues années, d'un troisième élément appelé, tour à tour, guet bourgeois, garde bourgeoise, garde civique, garde nationale, noms qui en indiquent suffisamment la nature. Cet élément bourgeois constituait seul, dans le principe, le service de la sûreté. Dans chaque quartier, des bourgeois requis à tour de rôle faisaient le guet pendant la nuit pour écarter les malfaiteurs. Fatigués de ce service, les bourgeois de Paris demandèrent à le remplacer par une taxe destinée à payer des guetteurs attitrés ou *troupe du guet*, qui, peu nombreuse dans l'origine, subit dans son effectif, jusqu'à la révolution, des alternatives d'augmentation et de diminution.

Cette troupe du guet, appelée guet royal ou guet de la Ville de Paris, fut organisée militairement par le règlement du 30 mai 1562 : elle comprenait alors 240 archers, dont 208 à pied et 32 à cheval; sous le commandement supérieur du Chevalier du guet, fonctionnaire chargé du contrôle général du service de sûreté, dont il était responsable vis-à-vis du Prévost de Paris, représentant du roi dans la capitale et du Prévost des marchands, véritable maire de Paris. Plus tard, le chevalier du guet dépendit du lieutenant-général de police, dont la charge avait été créée en 1667 et inaugurée par le célèbre La Reynie.

Lorsque l'effectif du guet royal était réduit pour cause d'économie, on avait recours, pour l'assister, au guet bourgeois, composé de citadins requis par quartier. En 1789, au moment de la révolution, le guet bourgeois n'existait plus ; le chevalier du guet avait sous ses ordres : 1º le guet, fort de 804 hommes à pied, chargés des postes intérieurs ; 2º la garde de Paris, comprenant 132 cavaliers pour la garde des portes et des remparts. Ces deux troupes disparurent lors de la création de la garde nationale, décrétée par l'assemblée des électeurs, le 12 juillet 1789, à l'instigation de Mirabeau. La garde nationale de Paris devait comprendre soixante bataillons de cinq compagnies de 100 hommes, dont une soldée et casernée, dite *du centre*. L'ancienne garde de Paris forma une division de garde nationale à cheval. Les compagnies du centre, plus spécialement chargées du ser-

vice de sûreté et ayant ensemble un effectif
de 6,000 hommes, étaient presque en totalité
composées d'anciens soldats des gardes françaises.
Elles furent supprimées en 1790, lors de l'établissement de la gendarmerie, et leurs soldats
formèrent trois régiments d'infanterie, envoyés
aux frontières, à l'exception de huit compagnies
laissées à Paris pour constituer la gendarmerie
à pied. Quant à la garde nationale non soldée,
elle fournit aux armées de nombreux bataillons
de volontaires ; les énergumènes du parti jacobin écartèrent des bataillons sédentaires restés à
Paris tous les hommes paisibles, et y devinrent
les prétoriens de la Commune sous les ordres
d'Hanriot. Après le 9 thermidor, la garde nationale servit au contraire la cause de la réaction,
jusqu'au jour où Bonaparte, à la tête des troupes
de ligne fidèles à la Convention, lui infligea une
sanglante défaite : elle disparut alors de la scène
jusqu'aux dernières années de l'empire. Elle ne
reprit de l'importance que sous le règne de Louis-
Philippe, dont elle commença par défendre le
trône contre les émeutes, pour finir par le renverser en devenant elle-même émeutière ; elle
soutint, en juin 1848, une lutte terrible contre

le peuple ; elle disparut à peu près sous le deuxième empire et, réorganisée dans les conditions que l'on sait après le 4 septembre 1870, enfanta la Commune.

Cependant, deux divisions de la gendarmerie créée en 1790 avaient été affectées au service de Paris en même temps que les grenadiers de la garde des tribunaux formaient la garde de la Convention, qui devenait plus tard garde du Corps législatif, noyau de la garde consulaire. Les deux divisions de gendarmerie de Paris furent licenciées en 1795 pour n'avoir pas fait leur devoir lors de l'émeute suscitée par Babeuf et dans laquelle fut tué le député Feraud ; la Légion de police organisée pour les remplacer ne dura que quelques mois et fut licenciée de même pour avoir pactisé avec l'émeute. A partir de 1795, et jusqu'en 1802, le service de sûreté de Paris fut confié à des détachements de la gendarmerie départementale.

Enfin, le 4 octobre 1802, un arrêté consulaire créa la garde municipale, corps de gendarmerie composé de deux régiments à pied de deux bataillons chacun et d'un escadron de dragons ; le premier régiment devait être chargé du service des ports et des barrières ; le deuxième régiment, du service intérieur ; les dragons, des escortes. Les deux régiments furent partiellement employés aux armées actives pendant les campagnes de 1805 à 1811 ; la portion du corps laissée à Paris devint si faible que les deux régiments durent être réduits, en 1812, à un seul assez mal composé d'ailleurs. Le colonel Rabbe, qui le commandait, fut compromis dans l'affaire Malet, condamné à mort et gracié. Le régiment de la garde municipale qui, dans cette échauffourée, avait obéi de bonne foi aux conspirateurs, croyant à la mort de l'empereur et à la proclamation de la République par le Sénat, fut licencié au mois d'avril 1813 et remplacé par la gendarmerie de la Ville de Paris, qui devint successivement, en 1814, Garde de Paris, puis Garde royale de Paris. En 1816 fut créée la gendarmerie royale de Paris, qui dura jusqu'à la Révolution de Juillet. Rendue impopulaire par la lutte des 27, 28 et 29 juillet 1830, cette gendarmerie fut supprimée à son tour. La Garde municipale lui succéda ; elle comprenait 8 compagnies d'infanterie et 4 escadrons de cavalerie, troupe superbe portant pour uniforme l'habit à plastron blanc de l'ancienne garde impériale, et dont le sang-froid au milieu des émeutes qui agitèrent Paris pendant le règne de Louis-Philippe est resté proverbial.

Plusieurs de ces émeutes furent cependant sanglantes et coûtèrent cher à la garde municipale. Telles furent les journées des 5 et 6 juin, marquées par l'insurrection qui éclata aux obsèques du général Lamarque ; celles du 14 avril 1834 et du 13 mai 1839 ; enfin la Révolution du 24 février 1848, dont le souvenir est intimement lié à celui des gardes municipaux du poste du ministère de la marine, massacrés presque sous les yeux d'une troupe nombreuse qui occupait la place de la Concorde et qui ne reçut aucun ordre pour les secourir. Sur 29 gardes, 7 furent tués, 21 grièvement blessés ; un seul échappa, grâce au stratagème d'une jeune fille qui se jeta sur lui en criant aux émeutiers : C'est mon père, épargnez-le..

Licenciée par décret du 25 février, la garde municipale fut remplacée d'abord par la garde nationale. Un nouveau décret du 18 mars 1848 institua la Garde civique, singulière troupe dont l'uniforme consistait en une blouse bleue très décolletée avec col de chemise rabattu, un pantalon de coutil gris, un képi, une cravate, un brassard et une ceinture écarlate. Un peu plus tard, cet uniforme fut remplacé par un costume qui rappelait ceux de la première République. Les hommes qui le portaient avaient reçu le nom de grenadiers de Caussidière, ce singulier préfet de police célèbre pour avoir fait de l'ordre avec du désordre. Ils défendirent vigoureusement l'Hôtel de Ville pendant l'émeute du 15 mai 1848. La garde civique comprenait d'ailleurs trois corps différant par l'esprit politique encore plus que par le nom : les Montagnards, les Lyonnais et la Garde Républicaine. Il fallut les licencier pour les empêcher d'en venir aux mains les uns contre les autres et, par décret du 16 mai, fut instituée une nouvelle garde républicaine comprenant dix-huit compagnies d'infanterie et quatre escadrons de cavalerie. Cette garde, qui ne dépendait que du ministre de l'intérieur, se conduisit admirablement sous les ordres du général Bedeau pendant les journées des 24, 25 et 26 juin 1848 : elle mit fin à la lutte en enlevant, le 26, la grande barricade de la rue de Charonne.

Replacée, en 1849, sous les ordres du ministre

de la guerre dans le cadre de la gendarmerie, la Garde républicaine prit, en 1852, le nom de Garde de Paris, qu'elle conserva jusqu'au 4 septembre : elle redevint alors la garde républicaine. Lors de l'émeute du 18 mars 1871, elle se concentra à l'Ecole militaire, dans la nuit du 18 au 19, et se retira sur Versailles. Une compagnie, dispersée par petits détachements, tomba au pouvoir des insurgés qui s'emparèrent également, dans les casernes où elles étaient restées, des familles des gardes républicains, et les jetèrent en prison à titre d'otages. Trente-six gardes républicains furent fusillés à ce titre dans la prison de La Roquette, le 26 mai ; les autres, qui s'étaient barricadés dans la prison, furent délivrés par l'arrivée des troupes de l'armée de Versailles.

Après ces événements, la garde républicaine reçut une forte augmentation et se vit porter à deux régiments composés chacun de 16 compagnies d'infanterie formant quatre bataillons, et de 4 escadrons de cavalerie avec six pièces de montagne ; effectif total : 6,110 hommes, sous les ordres du général de brigade Valentin. Le 4 octobre 1873, ses deux régiments firent place à la Légion de la garde républicaine, forte de 24 compagnies formant 3 bataillons, et de 6 escadrons de cavalerie ; les pièces de montagne furent supprimées et l'effectif réduit à 4,014 hommes. Enfin, un décret du 5 juillet 1887 a fixé, jusqu'à nouvel ordre, la composition de la légion de la garde républicaine à 3 bataillons de 4 compagnies et 4 escadrons de cavalerie d'un effectif total de 3,048 officiers, sous-officiers, brigadiers, gardes et élèves gardes, et 738 chevaux.

Pour compléter l'historique des troupes spéciales qui, depuis 1802, ont concouru au service de la ville de Paris sous des dénominations diverses, il faudrait parler des nombreux détachements envoyés par ces corps de troupes aux armées actives, surtout pendant les guerres du premier Empire, mais cela nous entraînerait bien loin. Il me suffira de donner ici la liste des principales affaires dans lesquelles se sont distingués ces détachements. C'est, en 1807, le siège de Dantzig et la bataille de Friedland, où assistait un régiment mixte de deux bataillons de la garde municipale de Paris ; en 1808, la douloureuse affaire de Baylen, à la suite de laquelle, après avoir vaillamment combattu, deux bataillons compris dans la capitulation violée furent envoyés en captivité à l'île de Cabrera et y périrent presque entièrement (plus de 700, sur 741, moururent en captivité).

En 1808, la bataille de Burgos, où un bataillon de la garde de Paris fit partie de la division d'élite du général Mouton (comte de Lobau).

En 1809, 1810 et 1811, des combats incessants contre les guerillas.

En 1812, la défense de Burgos, où le bataillon de Paris se couvrit de gloire avec le général Debreton.

En 1813, l'immortelle défense de Saint-Sébastien par le général Rey (1).

(1) Consulter à ce sujet l'histoire des corps de troupe chargés de la défense de Paris, par M. le lieutenant Cudet, de la garde républicaine.

XI

10 janvier 1888.

Avant-hier samedi, 7 janvier, a eu lieu pour toute l'armée la première revue de garnison de l'année. Ces revues sont passées par le commandant d'armes, c'est-à-dire par l'officier le plus ancien dans le grade le plus élevé, le premier samedi de chaque trimestre. La revue du premier trimestre, ainsi fixée au premier samedi de janvier, se distingue des autres par la cérémonie de la présentation du drapeau ou de l'étendard aux jeunes soldats récemment incorporés. Aussitôt que le commandant d'armes a passé devant le front des troupes, les jeunes soldats forment le cercle autour du drapeau dans l'infanterie, de l'étendard dans la cavalerie. Le colonel leur adresse une allocution destinée à leur faire connaître leurs devoirs à l'égard de ce drapeau, qui doit être, pour eux et pour tout le régiment, l'image vénérée de la patrie, la personnification de la France. Cette idée si grande et si belle que nous nous formons aujourd'hui du drapeau est relativement moderne et ne remonte pas plus loin que la Révolution française.

Sous l'ancienne monarchie, le drapeau blanc (et ce que je dis du drapeau de l'infanterie s'applique également à l'étendard de la cavalerie et au guidon des dragons) n'était pas, comme on semble le croire parfois, le drapeau national : c'était le signe de l'autorité du roi en tant que colonel du régiment. Chaque régiment avait plusieurs drapeaux ; les gardes françaises en avaient trente, un par compagnie ; les *vieux* régiments, ainsi appelait-on Picardie, Piémont, Navarre, Champagne, Normandie et la Marine, sous le règne de Louis XIV, en avaient quinze, dont un seul était blanc ; les autres portaient une large croix blanche partageant en quatre parties égales un fond de couleur, rouge pour Picardie, noir pour Piémont, vert pour Champagne, etc. Cette multiplicité de drapeaux explique le grand nombre de trophées enlevés dans les batailles. A Rocroi, il fut pris aux Espagnols soixante-dix drapeaux et étendards ou guidons. Le 30 mars 1814, le maréchal Sérurier fit brûler, dans la cour de l'Hôtel des Invalides, seize cents drapeaux qui provenaient des guerres depuis Louis XIV jusqu'à Napoléon et avaient été suspendus aux voûtes de Notre-Dame ou de l'église des Invalides. Chargés sur des voitures pour être expédiés de l'autre côté de la Loire, ils n'avaient pu être mis en route assez tôt, et le maréchal prit sur lui de les faire détruire pour les empêcher de tomber aux mains des alliés. Mais revenons aux drapeaux de l'ancienne monarchie. Un seul régiment de cavalerie avait un étendard blanc ou plutôt une cornette blanche. C'était *Colonel-Géné-*

ral, aujourd'hui 1er régiment de cuirassiers. Les sept autres étendards du même régiment étaient noirs, brodés aux armes de Turenne dont le régiment avait autrefois porté le nom. De même dans les dragons, le régiment Colonel-général, aujourd'hui 5e dragons, avait seul un guidon blanc. Dans les gardes du corps, l'étendard de la 1re compagnie, compagnie écossaise ou de Noailles, était blanc, mais ceux des 2e, 3e et 4e compagnies étaient respectivement bleu, vert et jaune. Chacune des seize compagnies de gendarmerie avait deux étendards différant de ceux des autres compagnies par la couleur du fond (blanc, bleu, rouge ou jaune) ou par les ornements.

Si tous les régiments d'infanterie avaient un drapeau blanc tandis que la cornette blanche n'existait que dans un seul régiment de cavalerie, c'est que la charge de colonel-général de la cavalerie fut maintenue, alors que Louis XIV s'empressait, à la mort du duc d'Epernon, de supprimer la charge de colonel-général de l'infanterie qui conférait à son titulaire une puissance trop grande. Cet important personnage possédait, dans chaque régiment d'infanterie, une compagnie qui portait le titre de compagnie colonelle, était commandée par le lieutenant du colonel-général ou lieutenant-colonel, prenait le pas sur les autres compagnies et portait le drapeau blanc. Les régiments eux-mêmes étaient commandés par des mestres-de-camp, délégués de l'autorité du colonel-général... La charge supprimée, les mestres-de-camp devinrent colonels, et la compagnie qui leur appartenait prit, avec le premier rang, le drapeau blanc, insigne de l'autorité royale dont les colonels devenaient les délégués directs. Dans la cavalerie le colonel-général resta propriétaire du régiment qui portait son nom et, dans ce régiment, de la compagnie colonelle, à laquelle était confiée la cornette blanche. Tout cela est tellement vrai que, la charge de colonel-général de l'infanterie ayant été rétablie, en 1780, pour le prince de Condé, le drapeau blanc fut enlevé à tous les régiments, sauf à celui de Picardie, devenu régiment colonel-général. Le nombre des drapeaux avait été d'ailleurs considérablement diminué : abaissé, en 1749, à deux par bataillon, il fut réduit, sous le ministère du comte de Saint-Germain, à deux par régiment ou un par bataillon. Le régiment colonel-général, ancien Picardie, en eut seul trois, dont un blanc, et lorsque la charge du colonel-général fut définitivement supprimée en 1788, le drapeau blanc fut rendu à toute l'infanterie, dont chaque régiment eut deux drapeaux, le premier blanc, le second aux couleurs du régiment.

Tout cela fut changé à la Révolution; mais les couleurs aujourd'hui nationales furent adoptées pour la cocarde avant de l'être pour le drapeau, et la garde nationale avait déjà substitué la cocarde tricolore à la cocarde parisienne rouge et bleu, qu'elle portait encore le drapeau blanc, orné, il est vrai, de franges aux trois couleurs. Des essais de toute sorte furent tentés pour ce drapeau : on adopta un instant les trois couleurs disposées en bandes horizontales, comme dans le drapeau hollandais; puis on les plaça verticalement, le blanc en dehors. On a même vu paraître à Rouen, en 1831, dans une revue de la garde nationale passée par le roi Louis-Philippe, un drapeau des premiers temps de la Révolution, qui avait été conservé avec soin, et portant une croix blanche au centre de quatre carrés, dont deux bleus et deux rouges. Enfin, la loi du 22 avril 1792 détermina l'ordre des couleurs, tel qu'il est encore actuellement établi : bleu, blanc, rouge, à partir de la hampe.

Quant à l'armée, un décret du 30 juin 1791 conserva aux régiments d'infanterie et de cavalerie leurs drapeaux et étendards d'ordonnance modifiés par cette inscription : *Discipline et obéissance à la loi*, et au revers le numéro du régiment; la cravate seule était aux couleurs nationales. La loi du 22 avril 1792 ordonna que les drapeaux et étendards de toute l'armée seraient brûlés et remplacés par des insignes aux trois couleurs. Telle fut l'origine du drapeau tricolore, qui ne tarda pas à recevoir à Valmy le baptême de la gloire (style du temps).

Bonaparte est le premier qui fit orner les drapeaux d'inscriptions rappelant, d'après les ordres du jour ou les rapports, les circonstances dans lesquelles s'étaient distingués les divers régiments, ou plutôt les demi-brigades, suivant l'appellation alors en usage. Plusieurs de ces inscriptions sont restées célèbres. En faisant modifier les drapeaux et en les distribuant solennellement après les préliminaires de Leoben, Bonaparte avait agi en chef d'État plutôt qu'en général. Le Directoire n'osa pas lui adresser de reproches, mais, plus tard, il ordonna que les drapeaux à inscriptions fussent déposés aux archives des corps et remplacés par des drapeaux réglementaires.

Devenu premier consul, Bonaparte se vengea en faisant brûler les drapeaux du Directoire et en distribuant de nouveaux drapeaux sur lesquels étaient rétablies les inscriptions. Au commencement de l'empire le nom *d'aigle* fut substitué à celui de drapeau, la partie flottante de l'aigle s'appela *enseigne*. La distribution des aigles donna lieu au Champ de Mars à une grande solennité. Le drapeau blanc avait été arboré pendant les guerres civiles par les Vendéens; la restauration en fit le drapeau national. Je n'ai pas à examiner ici le plus ou moins d'habileté politique de cette mesure, et je me borne à constater que l'armée ne vit pas sans de vifs regrets abandonner les couleurs qu'elle avait arborées, pendant vingt-deux ans, sur tous les champs de bataille.

Je trouve le témoignage de ces regrets dans un document où je ne me serais pas attendu à le voir. C'est le *Journal de campagne d'un officier de Wellington*, publié en 1845 et traduit en 1884 par

M. Charles Guiard, qui l'a publié à Bayonne.
L'auteur, qui était en 1813 un jeune officier de
dix-sept ans dans un des régiments de l'armée
anglaise d'Espagne, vit encore aujourd'hui. C'est
le révérend Gleig, ancien aumônier général des
armées britanniques. Ayant assisté, au commencement de 1814, au blocus de Bayonne, il raconte,
en termes évidemment impartiaux, la substitution du drapeau blanc au drapeau tricolore. « Le
28 avril, de bon matin, dit-il, toutes les troupes
alliées campées autour de Bayonne se formèrent
sur plusieurs lignes, pour assister à la solennité
de la pose du drapeau blanc sur les murs de la
ville... Jusqu'à cette date, le drapeau tricolore
était resté sur la citadelle ; il allait descendre ce
jour-là et faire place au drapeau blanc. C'était
pour nous un spectacle de gloire et de réjouis-
sance, car nous pensions aux gigantesques efforts
de notre pays qui, seul de toutes les nations de
l'Europe, avait constamment refusé de reconnaitre la souveraineté de l'usurpateur. Les Français le regardaient bien différemment. Même
parmi les gens de la campagne, on ne pouvait
pas remarquer la moindre étincelle d'enthousiasme. Quant à la garnison, elle ne faisait nul

mystère de son horreur du nouvel ordre de choses et de son inébranlable attachement à son premier maître.

« Nous étions rangés en bataille depuis une heure, en grande tenue, avec nos fusils simplement chargés à poudre, quand un coup de canon fut tiré d'une des batteries de la ville. A ce signal, un magnifique drapeau tricolore qui flottait orgueilleusement dans la brise s'affaissa lentement ; le bâton du pavillon resta nu une demi-minute et un tout petit drapeau blanc... fut hissé à son tour. Il fut immédiatement salué par toutes les batteries du rempart, et ceux de nos gens qui étaient aux avant-postes ce jour-là affirmèrent que chaque canon était chargé de boue et de sable, comme si cette turbulente garnison avait résolu d'insulter autant qu'elle le pourrait à une autorité à laquelle elle ne se soumettait que parce qu'elle y était contrainte. Pour nous, nous répondîmes au salut par une salve joyeuse de toute l'infanterie, de l'artillerie et des canonnières, et, poussant une joyeuse acclamation, nous retournâmes à nos cantonnements. »

Les Cent jours virent les aigles reparaître un

instant et disparaître après le désastre de Waterloo. Les légions organisées en 1816 durent, à l'imitation des errements de l'ancien régime, recevoir deux drapeaux : l'un blanc et l'autre aux couleurs de la légion ; mais cette mesure ordonnée sur l'initiative du ministre Clarke, d'après les idées personnelles de Louis XVIII, ne fut pas mise à exécution. Chaque régiment n'eut qu'un drapeau ou un étendard blanc, décoré des armes royales. Pendant ce temps, les trois couleurs nationales trouvaient un refuge dans les Indes, où un ancien officier de la grande armée, au service du souverain de Lahore, Rundjet-Singh, le général Allard donnait à la milice Sike le drapeau tricolore...

Le drapeau blanc ne pouvait survivre à la Révolution de Juillet, pendant laquelle le peuple de Paris avait spontanément arboré les trois couleurs nationales de 1789. Les drapeaux tricolores distribués en 1831 et en 1841 par le roi Louis-Philippe étaient, par une sorte d'imitation des aigles du premier empire, surmontés du coq gaulois. Après la Révolution de Février 1848, on essaya un instant de changer la disposition des trois couleurs, mais on revint aussitôt à l'ordre

10.

adopté en 1792 : bleu, blanc, rouge ; la hampe fut terminée en fer de lance. Napoléon III rétablit en 1852 les aigles, qui furent solennellement distribuées au Champ de Mars dans une splendide revue, et dont un trop grand nombre, par suite des tristes intrigues du commandant en chef de l'armée du Rhin, servent aujourd'hui de trophées à nos ennemis de 1870... Pendant et après cette guerre, des drapeaux d'un modèle provisoire furent mis en service. Enfin, à la revue du 14 juillet 1880, des députations de tous les régiments vinrent recevoir des mains du président de la République les drapeaux que nous voyons flotter aujourd'hui dans toutes les prises d'armes, symboles de devoir, de dévouement, d'honneur et de patriotisme... Les modèles des drapeaux de l'armée, pour le dire en passant, avaient été changés quatorze fois depuis 1789.

Deux anecdotes bien connues donneront une idée suffisante du culte voué par les soldats de la Grande Armée à leurs drapeaux. Pendant la campagne de 1799, en Helvétie, la 76ᵉ demi-brigade d'infanterie avait perdu trois drapeaux dans les Grisons. Le souvenir de cette perte était resté douloureux dans le cœur des vieux soldats du 76° régiment, lorsque, en 1805, le corps du maréchal Ney entra dans le Tyrol et s'empara de la ville d'Innsprück ; les premiers soldats qui pénétrèrent dans l'arsenal de cette ville y découvrirent les trois drapeaux du 76°, conservés comme des trophées. Avertis aussitôt, tous les hommes du 76° accoururent et reconnurent, avec une émotion mêlée de larmes, ces insignes glorieux arrachés jadis à leur courage dans le désordre d'un combat. Le maréchal Ney voulut les leur remettre lui-même, au milieu de leurs acclamations enthousiastes et de leurs cris de joie.

La seconde anecdote est comme la contre-partie de celle-là : elle est une preuve de l'importance que l'empereur attachait à ne point laisser de trophées aux mains de l'ennemi. Le 4° de ligne, surpris à la bataille d'Austerlitz, au moment où il formait ses colonnes d'attaque, par une charge inopinée de la cavalerie de la garde impériale russe, avait eu le malheur de perdre l'aigle de son premier bataillon. Quelques jours après la bataille, l'empereur, passant la revue de ce régiment, dit au premier bataillon : « Qu'avez-vous fait de l'aigle que je vous avais confiée ? » Le major qui commandait le régiment répondit que le porte-drapeau avait été entouré et tué au milieu de la plus forte mêlée ; qu'on ne s'était pas aperçu de sa chute à cause de la fumée et que le bataillon, voulant réparer cette perte lorsqu'il s'en était aperçu, s'était précipité sur deux bataillons russes, leur avait pris deux drapeaux dont il faisait hommage à l'empereur, espérant que Sa Majesté lui rendrait une autre aigle en échange. Napoléon fit jurer aux soldats qu'aucun d'eux ne s'était aperçu de la perte de son aigle et que, s'ils s'en étaient aperçus, ils auraient tous sacrifié leur vie pour la reprendre, car un soldat qui a perdu son aigle a tout perdu, ajouta l'empereur. Paroles qu'ignorait sans doute le maréchal Bazaine lorsque à Metz il faisait si bon marché des aigles de son armée : « Nous le jurons, s'écria tout le régiment, et nous jurons aussi de défendre l'aigle que vous nous donnerez avec la même intrépidité que nous avons mise à enlever ces deux drapeaux russes. » « En ce cas, dit l'empereur en souriant, je vous rendrai donc votre aigle. »

C'est dans la connaissance des faits de ce genre qu'il faut chercher le secret du pouvoir sans limite exercé par Napoléon Ier sur toute son armée. Nos colonels d'aujourd'hui ne sauraient avoir le prestige de ce grand capitaine; autre chose est, d'ailleurs, de parler à des troupes enthousiasmées par la victoire, le lendemain d'une bataille d'Austerlitz, ou d'expliquer, dans une parade, le devoir militaire à de jeunes conscrits récemment arrachés à leurs fermes ou à leurs ateliers. Mais il y avait à prononcer et il a été prononcé sans doute, à cette revue du 7 janvier, plus d'une belle et grande parole. La simplicité des explications n'est pas incompatible avec la mâle éloquence d'un chef de corps. Un thème tout naturel était la légende du drapeau ou de l'étendard ; quatre noms de batailles choisies parmi celles où a figuré le regiment. Ce ne sont pas sans doute les seules affaires dans lesquelles il se soit distingué. On s'est attaché aux noms les plus retentissants et il y a tel combat, sans nom dans l'histoire, où il s'est déployé, proportionnellement à la quantité des troupes engagées, plus d'héroïsme qu'à Iéna ou à Friedland. Mais on peut lire le récit de ces combats dans l'historique du régiment, s'il a été fait avec soin et mis à la portée de tous. La légende du drapeau doit être apprise par cœur, et chaque soldat doit savoir la commenter.

Je prends pour exemple le 3ᵉ régiment de hussards. (1) L'étendard porte quatre noms glorieux entre tous, Iéna, Eylau, Friedland, Montereau.

A Iéna, devra savoir le soldat, le 3ᵉ hussards, amené sur le champ de bataille au plus fort de la mêlée par le maréchal Ney et le général Auguste Colbert, arrêta par une brillante charge de flanc un régiment de cuirassiers et deux régiments de dragons qui commençaient à ramener le 10ᵉ chasseurs. Jusqu'à la fin de la bataille, ces deux régiments, formant la brigade Colbert, ne cessèrent de charger avec succès sur l'infanterie ennemie, ce qui leur valut l'honneur d'être cités par Napoléon au bulletin de la Grande Armée.

A Eylau ou plutôt à Hof, l'avant-veille de la bataille d'Eylau, le 3ᵉ hussards et le 10ᵉ chasseurs franchirent, pour aborder l'ennemi, un petit pont placé sur un ruisseau marécageux où l'on ne pouvait passer qu'en colonne par quatre, et chargèrent à plusieurs reprises les cuirassiers

(1) *Historique du 3ᵉ hussards,* par M. le capitaine Dupuy.

russes. Le prince Murat les combla d'éloges dans son rapport.

A Friedland, le 3e hussards attendit de pied ferme la charge d'un régiment ennemi, l'ébranla par une salve à bout portant, puis le chargea et le culbuta.

A Montereau enfin, le 3e hussards prit part à la charge célèbre de la division Delort, se précipitant comme une avalanche sur les pentes escarpées de la grande rue et décidant la victoire qui fit dire à Napoléon : « J'ai sauvé la capitale de mon empire... »

Ce que je dis là s'appliquerait à tous les régiments. Quel beau thème à développer que les légendes des drapeaux de nos régiments d'infanterie ! Le 32e : Lonato, les Pyramides, Friedland, Sébastopol ; le 36e : Jemmapes, Zurich, Austerlitz, Iéna ; le 57e : la Favorite, Austerlitz, La Moskowa, Sébastopol, etc.

Les batailles portées sur les drapeaux ne sont pas toujours celles où le régiment s'est le plus signalé, et il y a des affaires qui ne méritent vraiment pas d'être gravées en lettres d'or sur les plis flottants d'un drapeau tricolore. Pour ne citer qu'un exemple, s'il est vrai que le 77e régiment ait pour légende : les Pyramides, Friedland, Alger, Bomarsund, il est permis de regretter de ne pas y voir figurer, à la place de ce dernier nom, celui de Constantine, qui rappellerait le fameux carré de Changarnier. Peut-être toutes ces légendes ont-elles été, en 1880, l'objet d'un travail un peu précipité, et, puisque aujourd'hui on attache avec raison une si grande importance à l'historique des régiments, peut-être serait-il bon de reviser, pour les établir en connaissance de cause, les légendes de leurs drapeaux.

XII

24 janvier 1888.

Accumulation de troupes sur les frontières. — La force brutale. — Accroissement de la proportion d'artillerie dans
l'armée allemande. — Retour sur le passé. — L'artillerie
française de 1792 à 1815. — Réductions intempestives. —
L'artillerie française et l'artillerie allemande en 1870.

Pendant que peuples et gouvernements protes-
tent à l'envi de leurs intentions pacifiques, les
bataillons, les escadrons et les canons s'avancent
les uns au-devant des autres d'un mouvement
lent mais continu, et, par mesure de précaution
amicale, des troupes appelées de l'intérieur de
chaque pays se massent sur les frontières. Sans
nous occuper pour le moment de ce qui se passe
au loin, regardons de l'autre côté de notre fron-

11

tière de l'Est : nous y verrons l'œuvre d'un grand état-major qui marche vers son but avec persévérance, bien certain de ne pas être troublé par les vicissitudes parlementaires, et de ne pas voir les fantaisies plus ou moins excentriques d'un ministre de passage se substituer à des plans longuement et sagement médités.

Constant dans ses visées, persistant dans ses procédés d'exécution, cet état-major a si bien travaillé qu'il a réuni dans la seule région d'Alsace-Lorraine 59 bataillons d'infanterie ou de chasseurs, 44 escadrons de cavalerie, 24 batteries attelées, 7 bataillons d'artillerie de forteresse, comprenant sur le pied de paix, avec les effectifs renforcés, 58,357 hommes, 9,266 chevaux et 132 pièces attelées. Une division entière, non compris une brigade bavaroise, est à Metz ; une autre, renforcée d'une brigade badoise, est à Strasbourg ; une troisième est répartie dans des garnisons intermédiaires, de manière à couvrir la communication directe entre Strasbourg et Metz. Si l'on ajoute aux troupes d'Alsace-Lorraine celles qui se trouvent dans les autres régions limitrophes de la frontière (Prusse rhénane, Palatinat, grand-duché de Bade), on arrive au total de 86,717 hommes, 15,105 chevaux et 230 pièces attelées. Ce qui caractérise surtout le travail du grand état-major allemand, c'est l'accroissement donné aux forces de première ligne par l'institution des divisions de réserve entrant dans la composition des armées, munies, comme les divisions actives, de cavalerie, d'artillerie et de tous les services accessoires, et formées avec des hommes de la landwehr. C'est enfin l'augmentation de l'artillerie. Pendant la guerre de 1870, chaque corps d'armée comprenait deux groupes divisionnaires de quatre batteries montées et deux groupes d'artillerie de corps, l'un de quatre batteries montées, l'autre de trois batteries à cheval susceptibles d'être en partie détachées ; soit en tout 90 canons. Depuis la guerre, l'artillerie de corps comprenait 6 batteries montées, plus une ou deux batteries à cheval, non compris les batteries détachées, soit, pour tout le corps d'armée, 90 ou 96 canons. L'artillerie de chaque division se compose actuellement de deux groupes de trois batteries, et l'artillerie de corps, conservée en principe, sans que l'on en connaisse officiellement l'effectif, paraît devoir conserver tout au moins sa composition actuelle, ce qui donnerait pour l'artillerie d'un corps d'armée un total de 20 batteries ou 120 canons.

Cet accroissement donné à l'artillerie, et principalement à l'artillerie divisionnaire, se rapporte au système adopté par les chefs de l'armée allemande : écrasement de l'adversaire par la masse des combattants. Le temps des manœuvres savantes est passé, disent-ils ; elles sont impossibles avec les effectifs énormes qui doivent s'accumuler sur des espaces relativement restreints. En outre, l'augmentation de l'artillerie leur semble justifiée par la nécessité de soutenir des troupes qui seront de qualité secondaire. Il est assez singulier que ce soient là précisément les deux causes du développement énorme qu'avait pris l'artillerie, à la fin des guerres du premier empire, dans les armées françaises et étrangères. A ce point de vue, il m'a paru intéressant de jeter un regard sur le passé et de rechercher comment la force numérique de l'artillerie s'est progressivement développée depuis 1792 jusqu'en 1815.

Dès le début de la Révolution, l'artillerie opposa un obstacle invincible aux progrès des armées coalisées contre la France, et mérita ainsi la reconnaissance de la nation. Comparée à l'infanterie et à la cavalerie, la composition de cette arme était moins aristocratique, car la grande noblesse fuyait un service où le travail était en honneur et où la faveur ne suffisait pas pour conférer les grades ; sa constitution était plus libérale, puisque, en plein dix-huitième siècle, l'élection y présidait à une partie des choix ; les liens d'une estime mutuelle y rapprochaient davantage les officiers et les sous-officiers, ou plutôt les talents du corps d'officiers, universellement reconnus, inspiraient le respect et l'obéissance. Tandis que l'émigration, les dénonciations, les destitutions et les démissions éclaircissaient les cadres de l'infanterie et de la cavalerie, ceux de l'artillerie restèrent presque intacts. « Les régiments de l'artillerie, dit Gouvion Saint-Cyr, ne subirent pas, à la Révolution, toutes les alternatives d'institutions qui tourmentèrent les cadres des autres armes ; c'est qu'il y avait un fonds d'hommes et de doctrines de guerre dont l'ancien régime pouvait s'enorgueillir et que la nouvelle armée adopta avec confiance, presque avec ostentation. »

Un réformateur illustre, Gribeauval, après une lutte opiniâtre contre la routine, avait organisé le personnel de l'artillerie aux armées en divisions régulièrement constituées, et l'avait doté d'un matériel nouveau, plus léger et plus mobile que l'ancien. Au milieu de troupes novices, animées par l'enthousiasme et le patriotisme, mais ignorantes des plus simples éléments du métier des armes, l'artillerie seule possédait l'instruction militaire. La première bataille de «Révolution ne fut qu'une canonnade, et le nom lui en est resté. Mais si cette affaire de Valmy occupe dans l'histoire une place considérable pour avoir décidé la retraite de l'armée de Brunswick, bien d'autres actions semblables se produisirent à la même époque sur tous les points de la frontière.

» Après la retraite de l'armée du Rhin dans les fameuses lignes de Wissembourg, il y avait constamment, nous apprend encore Gouvion Saint-Cyr, des combats d'artillerie dans lesquels l'artillerie française, étant ce qu'il y avait de plus instruit dans l'armée, riposta sinon avec de grands avantages, du moins à succès égal, et dont plusieurs pourraient être comparés à la canonnade de Valmy. »

Ce qui déjà manquait à l'artillerie française,

c'était le nombre, ou plutôt c'étaient les ressources matérielles nécessaires pour mettre sur pied un nombre suffisant de batteries. Avant les réformes de Gribeauval, les canons, alors lourds et encombrants, formaient dans chaque armée un parc qui embarrassait et retardait la marche des colonnes. Plusieurs batailles de la guerre de Sept ans furent perdues parce que l'artillerie, embourbée dans de mauvais chemins, n'avait pu arriver à temps pour prendre part au combat. Pour remédier à ce grave inconvénient, on avait imaginé, en France comme en Prusse et en Autriche, des canons plus légers, dits *canons à la Suédoise*, en souvenir de Gustave-Adolphe, leur premier inventeur, et servis par l'infanterie, qu'ils accompagnaient dans tous ses mouvements. Cette *artillerie régimentaire* ou ces *canons de bataillon*, comme on les appela aussi par opposition à *l'artillerie de parc* ou aux *canons de brigade*, causèrent plus de gêne à l'infanterie qu'ils ne lui apportèrent de protection. Gribeauval ne put les supprimer complètement, mais il les fit servir par le personnel de l'artillerie et les rendit bientôt inutiles en donnant une mobilité plus grande à l'artillerie de parc.

A la même époque, c'est-à-dire sous le règne de Louis XVI, des comités, qui ne tardèrent pas à se résumer dans un conseil supérieur de la guerre et dans lesquels siégeaient des hommes éminents tels que Guibert, Puységur, Gribeauval lui-même, élaboraient une série d'ordonnances embrassant toute l'organisation militaire. Ces ordonnances, qui portent la date de 1788, et forment un ensemble des plus remarquables, contiennent des dispositions laissées dans l'oubli jusqu'à nos jours et récemment imitées par nous de l'étranger, qui nous les avait empruntées. Entre autres innovations, elles consacrèrent l'endivisionnement des troupes, déjà essayé sous le ministère du fameux comte de Saint-Germain, après avoir été mis en pratique par le maréchal de Belle-Isle, dans la retraite de Prague. Les 104 régiments dont se composait l'infanterie devaient être groupés en 24 divisions, d'un effectif moyen de 6,400 hommes. Gribeauval, fixant la proportion d'artillerie à 4 bouches à feu par 1,000 hommes, proposa d'affecter à chacune de ces divisions 3 divisions d'artillerie de 8 bouches à feu chaque. A ce compte il fallait, pour les 24 divisions d'infanterie, 72 divisions d'artillerie, soit 576 bouches à feu. Le personnel entretenu permettait, à la rigueur, d'en servir 588.

Lorsque la France mit sur pied 400,000 hommes (ce chiffre était atteint dès le mois de mai 1793), il aurait fallu 800 bouches à feu pour leur donner seulement la moitié de cette proportion d'artillerie, mais le matériel faisait défaut. L'énergie du comité de Salut public et l'activité de Prieur de la Côte-d'Or, le Carnot du matériel, y pourvurent promptement ; mais, par la force des choses, et pour utiliser les canons de petit calibre que renfermaient les arsenaux, l'artillerie régimentaire avait reparu, et chaque bataillon de volontaires eut ses canonniers et ses canons. En même temps était créée, à l'imitation de la Prusse, où elle existait depuis la guerre de Sept-Ans, l'artillerie légère, ou artillerie à cheval, qui, par sa mobilité et son audace, devint rapidement populaire dans toutes les armées de la République et redoutable à ses ennemis. On ne voulut bientôt plus que de cette artillerie, et l'artillerie régimentaire ne tarda pas à être abandonnée : elle tirait au-hasard, sous la direction d'officiers inexpérimentés, habituait le soldat d'infanterie à ne se croire en sureté que sous la protection immédiate des canons et imposait aux régiments une inquiétante responsabilité. On comprenait si bien les embarras dont elle était la cause que souvent, le jour d'une bataille, les canons de bataillon étaient relégués au parc d'artillerie, en arrière de l'armée. C'est ce qui eut lieu en particulier à la bataille d'Héliopolis, où les 12,000 hommes de Kléber furent appuyés, à l'exclusion de toute artillerie régimentaire, par 30 bouches à feu que servaient 3 compagnies d'artillerie à cheval et 2 compagnies d'artillerie à pied.

L'armée de réserve qui combattit, le 14 juin 1800, à Marengo, n'avait que 41 bouches à feu pour 30,000 hommes ; aussi cette artillerie fut-elle écrasée par l'artillerie autrichienne ; mais, l'année suivante, l'armée d'Italie, réorganisée sous les ordres de Brune, comptait 160 canons pour 70,000 hommes. Il n'était plus question de canons de bataillon. La Grande Armée de 1805, forte de 186,000 hommes, était pourvue d'une artillerie comprenant 340 pièces, moins de 2 bouches à feu par 1,000 hommes ; et, quelques jours après l'éclatant triomphe d'Austerlitz, Napoléon écrivait au général Songis, premier inspecteur général de l'artillerie : « Je n'avais pas assez d'artillerie à la dernière bataille. » Et cependant, les troupes qui avaient combattu à Austerlitz, formées avec les soldats d'Egypte, de Marengo et de Hohenlinden, organisées et exercées au camp de Boulogne, passent à bon droit pour les meilleures troupes dont l'histoire ait gardé le souvenir; mais Napoléon reconnaissait lui-même que sa victoire eut été plus facile et plus complète si ces excellentes troupes avaient été appuyées par une artillerie plus puissante.

Après le traité de Presbourg dans le court intervalle de temps qui sépara la campagne d'Autriche de la guerre contre la Prusse, entre Austerlitz et Iéna, Napoléon ne fit rien pour remédier à son infériorité en artillerie, Il faillit payer par un désastre ce dédain de sa propre expérience lorsque, dans les plaines glacées d'Eylau, il dut combattre avec 250 bouches à feu contre 400 et qu'un de ses corps d'armée tout entier, celui d'Augereau, fut écrasé sur la neige par l'artillerie des Russes. Dix ans plus tard, à Sainte-Hélène, le souvenir de la sanglante journée du 8 février 1807 lui inspirait ce cri de retour sur le passé : « Il se peut qu'un général plus habile et plus manœuvrier que son adversaire, ayant

une meilleure infanterie, obtienne des succès
pendant une partie de la compagne, quoique son
parc d'artillerie soit inférieur, mais au jour décisif d'une action générale, il sentira cruellement
son infériorité en artillerie. »

L'audace heureuse et les manœuvres habiles
d'un général d'artillerie assurèrent à Napoléon
la victoire de Friedland, et, après la paix de Til-
sitt, il s'empressa d'augmenter le nombre de ses
canons; mais au lieu de renforcer suffisamment
le personnel de l'artillerie, il eut recours, pour des
motifs d'économie, à l'expédient de l'artillerie
régimentaire ou des canons de bataillon. Chaque
régiment d'infanterie reçut alors deux pièces de
canon et trois caissons qu'il dut traîner avec lui.
Les résultats de cette mesure furent des plus
médiocres et, bien que l'artillerie proprement
dite eût été augmentée, elle se trouva encore,
à la bataille d'Essling, inférieure à l'artillerie
autrichienne. Par suite de la rupture du grand
pont jeté sur le Danube, les parcs ne purent
passer sur la rive gauche du fleuve; cent qua-
rante-quatre bouches à feu, insuffisamment
pourvues de munitions, durent lutter contre plus
de trois cents, et la perte complète de l'armée

française ne fut évitée que grâce à la valeur des troupes, à la ténacité des généraux et au dévouement de l'artillerie. Six semaines après ces deux terribles journées, le champ de bataille de Wagram devenait le théâtre du plus formidable duel d'artillerie qu'on eût encore vu, et, pour la première fois, cent bouches à feu y manœuvraient en une seule masse sous un même commandement; à dater de ce jour, la proportion d'artillerie alla toujours en augmentant dans les armées de Napoléon comme dans celles de ses adversaires. La grande armée qui franchit le Niemen pour entrer en Russie, le 24 juin 1812, amenait avec elle 1,200 canons pour un total de 414,510 hommes (infanterie et cavalerie); mais les combats et surtout les maladies et la fatigue, réduisirent bientôt les effectifs, tandis que le nombre des pièces ne diminuait pas. A la Moskowa, la partie de l'armée française figurant sur le champ de bataille présentait un effectif de 142,000 hommes avec 563 bouches à feu; les Russes avaient 600 pièces pour un effectif qu'il est assez difficile de préciser, mais que l'on peut évaluer à 150,000 hommes. « C'est à coups de canon qu'il faut écraser les Russes », s'écriait

Napoléon lui-même pendant cette sanglante bataille.

La force numérique de l'artillerie atteignit son apogée en 1813. L'effectif total de l'arme, non compris les contingents alliés, s'éleva alors à 80,273 hommes, répartis en 340 compagnies susceptibles de servir plus de 2,500 bouches à feu. Une grande partie de ces compagnies se trouvaient aux armées d'Espagne, d'autres en Italie, et sur les côtes de France et de Hollande.

La grande armée de 1813 comprit, dans la première partie de la campagne, 636 bouches à feu pour 289,000 hommes. Après l'armistice de Pleswitz, l'effectif de l'armée s'éleva à 425,000 hommes, le nombre des pièces de canon à 985. Il y eut d'épouvantables canonnades, particulièrement à Bautzen où, le second jour de la bataille, cent pièces de la garde, réunies à quatre-vingts canons du 6e corps, formèrent au centre de l'armée, sous la direction du maréchal Marmont, une grande batterie qui écrasa tout ce qu'elle avait en face d'elle; à Wachau et à Lepzig, où, le 16 comme le 18 octobre, aucun des adversaires ne pouvant remporter d'avantages décisifs, la bataille dégénéra en un échange meurtrier de coups de canon, et où Napoléon ne fut contraint à la retraite que par le manque de munitions.

On dira qu'une telle accumulation et un tel emploi de l'artillerie ne sont plus la guerre, mais le triomphe de la force brutale sur l'habileté des généraux et la valeur des troupes. Gouvion-Saint-Cyr, le plus compétent peut-être des écrivains militaires, l'a dit en effet : « Réduite à de justes proportions, l'artillerie est un des plus grands secours pour une armée ; mais, augmentée outre mesure, elle contribue plutôt à l'affaiblir en gênant ses mouvements. L'abus qu'on en fait dans ces derniers temps (Saint-Cyr veut parler de 1812 et de 1813) est un signe de décadence... »

...Au point de vue de l'art, c'est vrai, et Gouvion Saint-Cyr, qui se plaisait à mouvoir les bataillons sur un terrain de combat, comme les pièces d'un jeu d'échecs sur leur damier, si bien que les soldats eux-mêmes l'avaient surnommé le joueur d'échecs, devait, plus que tout autre, gémir de cette décadence... Mais en supposant pour un instant que le maniement de ces masses brutales d'artillerie soit livré au hasard et n'ait pas besoin d'être confié à des mains habiles, que faire à cela?

On ne peut lutter contre l'artillerie qu'avec une artillerie à peu près équivalente... Napoléon augmenta la sienne en 1813, non seulement pour suppléer à la valeur de ses jeunes troupes, mais encore pour pouvoir lutter contre des forces numériquement triples, et ses adversaires cherchaient à neutraliser son génie par la violence de leurs canonnades. Au commencement de cette guerre de 1813, le prince Eugène de Wurtemberg, à qui l'on présentait Blücher, rappelait au vieux maréchal prussien le rôle de hussard qu'il avait si brillamment rempli dans les premières guerres de la Révolution... « Des hussards ! fit Blücher en interrompant le prince ; cela ne prend pas sur Bonaparte : il n'y a que le grand nombre de canons qui puisse agir sur lui... » Et Napoléon, de son côté, voyant à la bataille de Wachau l'artillerie des alliés groupée en grandes masses, s'écria : « Je leur ai donc enfin appris quelque chose !

Dejà, à la bataille de Gross-Beeren, livrée le 23 août, loin des regards de Napoléon, le général prussien Bulow avait écrasé le 7e corps de l'armée française, composé de troupes saxonnes et de la division Durutte, sous le feu d'une grande batterie de 90 pièces et décidé ainsi la défaite du maréchal Oudinot.

L'énorme proportion de l'artillerie dans les différents corps de l'armée française, en 1814, proportion qui tenait à l'extrême réduction des effectifs, fut certainement une cause d'embarras : il était difficile dans les marches de protéger ces longues colonnes de canons et de caissons contre les insultes des Cosaques et de la cavalerie légère; mais, sur les champs de bataille, il ne semble pas qu'on ait eu à s'en plaindre... A la Rothière, en particulier, Napoléon, écrasé sous des forces quadruples des siennes, aurait peut-être péri avec son armée, dès le début de la campagne, malgré l'énergique résistance des troupes de Gérard et d'Oudinot, si l'artillerie du corps de Marmont, qui comptait jusqu'à onze bouches à feu par mille hommes (40 canons pour 3,600 hommes), n'eût contenu pendant plusieurs heures les progrès de l'ennemi.

Dans la campagne de 1815, l'armée qui combattit à Ligny et à Waterloo avait 374 bouches à feu pour 120,000 hommes, c'est-à-dire à peu près la même proportion qu'en 1813. Sur le champ de bataille même de Waterloo, 240 de ces bouches à feu figurèrent avec 72,000 hommes. Les Anglais avaient 196 pièces pour 70,000 hommes. L'armée prussienne comptait au même moment 304 pièces pour 116,000 hommes. La proportion d'artillerie avait donc suivi en France, depuis le commencement des guerres de la Révolution, une marche ascendante : elle avait fini par égaler et même par surpasser la proportion en usage dans les armées étrangères.

Il n'en fut plus de même après la paix. Des motifs d'économie firent oublier les leçons de la guerre et de l'expérience. L'artillerie subit à plusieurs reprises des réductions considérables et, quoique légèrement augmentée dans les dernières années du deuxième Empire, elle ne pouvait atteler en 1870 que 164 batteries de campagne ou 984 bouches à feu, alors que l'armée d'invasion en comptait 1,560.

XIII

7 février 1888.

Les dépenses secrètes du ministère de la guerre et la commission du budget. — Espionnage et contre-espionnage. — Service des renseignements. — Napoléon en Espagne. — Les préparatifs de l'Autriche. — Espionnage dans les camps. — Surprise de la Secchia en 1734. — La veille de la bataille de Traktir. — Une économie de bouts de chandelle. — Apogée des vertus de l'armée française. — Les généraux improvisés. — Elie et Charbonnier. — Les oubliés de l'histoire. — Le général Canclaux.

L'expression de dépenses secrètes offusque toujours ceux qui sont chargés de contrôler l'emploi des deniers de l'État ; la méfiance qu'inspirent ces sortes de dépenses, et qui se traduit souvent par des déclamations plus ou moins bien fondées, est le produit de sentiments divers que je n'ai pas à analyser ici. Je me borne à constater qu'au ministère de la guerre, en particulier, un certain crédit est indispensable non seulement pour être jour par jour tenu au courant de la situation militaire des pays étrangers, mais encore afin de déjouer les tentatives faites par les étrangers pour être renseignés sur notre propre situation. Pour parler plus net, il faut des fonds pour subvenir à l'espionnage et au contre-espionnage. Plus on déploie d'activité pour pénétrer nos secrets, plus les tentatives se multiplient, et plus elles sont audacieuses, plus nous avons d'efforts à faire pour nous en garantir et plus nous avons besoin de nous défendre en portant l'attaque chez nos adversaires. Or personne n'ignore le développement qu'a pris, depuis quelque temps, le réseau d'espionnage qui nous enserre; et des faits positifs, sur lesquels il est inutile d'insister, ont suffisamment démontré l'audace actuelle d'adversaires qui d'ailleurs ont fait autrefois leurs preuves. Il n'est donc nullement étonnant que le chiffre des fonds secrets nécessaires pour lutter contre eux à armes égales ait augmenté dans ces dernières années. Aussi éprouvé-je autant d'étonnement que de regret en trouvant au rapport de la commission du budget cette assertion que le chiffre qui a long-temps suffi, et au delà, pour les dépenses secrètes du ministère de la guerre est certainement encore surabondant. En 1882, le chiffre de ces dépenses ne s'élevait qu'à 300,000 francs ; il avait été porté, en 1884, à 550,000 et en 1887, à 700,000. La com-, mission propose de le réduire à 500,000. La rai-son qu'elle donne de cette réduction, pour n'être pas explicite, est suffisamment transparente : « la présomption que le Parlement peut avoir au sujet de l'emploi des fonds secrets ne saurait rester sans influence sur la fixation du chiffre de ces crédits ».

Je me permets de ne pas trouver cette argumen-tation bien convaincante. De ce qu'un crédit de ce genre n'a pas été convenablement employé, il ne s'ensuit pas que ce crédit soit superflu. Lorsqu'il s'agit d'un service nettement déter-miné, le Parlement est parfaitement en droit de dire au ministre : ce service a marché jusqu'à présent dans telles conditions ; j'entends qu'il continue à marcher dans les mêmes conditions, à moins que vous ne prouviez d'une manière irréfutable que cela n'est plus possible. Mais l'espionnage est une marchandise qui ne se cote pas ; le prix qu'il peut coûter augmente dans des proportions énormes avec les difficultés et les dangers qu'il présente, avec les précautions dirigées contre lui. En un mot, il y a de l'espionnage à tout prix, et en cela, comme en bien d'autres choses, on est servi pour son argent. Les Allemands n'ont pas dû regretter, en 1871, celui qu'ils avaient dépensé, pendant les années qui précédèrent la guerre, à entretenir sur notre territoire des photographes, colporteurs, garçons de brasserie, etc., qui sont revenus plus tard en uhlans de pointe d'avant-garde dans les localités qu'ils avaient été chargés d'étudier.

Si j'emploie le mot *espionnage*, c'est pour exprimer brutalement ce que, par euphémie, je devrais appeler le service des renseignements. Napoléon Ier, qu'il est de mode aujourd'hui de rabaisser et dont on peut bien réprouver le despotisme et l'ambition, sans lui refuser le génie militaire, nous a légué sur bien des points des leçons dont nos rivaux ont su mieux profiter que nous-mêmes. Il n'a jamais négligé, entre autres précautions, de s'éclairer sur les menées secrètes de ses adversaires de la veille, toujours prêts à devenir ses ennemis du lendemain. Son histoire nous fournit plusieurs exemples de cette sollicitude.

Un des plus remarquables est celui qui se rapporte aux prévisions de la guerre contre l'Autriche, au mois de décembre 1808. L'empereur était entré en Espagne avec plusieurs corps d'armée. Après avoir battu ou fait battre par ses lieutenants les Espagnols à Burgos, à Somo-Sierra, à Espinosa, à Tudela, après avoir occupé Madrid, il s'était lancé à la poursuite de l'armée anglaise de sir John Moore, qui fuyait en désordre devant ses avant-gardes. Le 2 décembre, le gros de ses forces était à Astorga, et lui-même, après s'être arrêté pendant une journée à Benavente, suivait au galop la route d'Astorga, où il devait retrouver les maréchaux Bessières et Soult, lorsqu'il fut rejoint par un officier accourant de Benavente à franc-étrier pour le prévenir qu'un courrier venait d'y arriver avec des dépêches de France. Le temps était affreux, la neige tombait à flocons épais, et le sol était recouvert d'une boue profonde. Napoléon mit pied à terre, se fit allumer un grand feu, et, après une courte attente, lut avec empressement les papiers que Berthier lui remit. Tous les yeux étaient fixés sur lui : il ne dit pas un mot, remonta à cheval, reprit le galop et arriva, toujours silencieux, à Astorga. Là, il donna au maréchal Soult le commandement des troupes chargées de suivre les Anglais et revint immédiatement à Benavente, renonçant à s'enfoncer plus loin dans la péninsule. Ces dépêches de France, qui l'avaient arrêté dans sa course victorieuse, contenaient le détail des renseignements fournis sur les préparatifs secrets de l'Autriche. Il comprit que la guerre avec cette puissance était imminente, et rentra à Paris pour prendre des mesures en conséquence. S'il n'avait pas été prévenu à temps par ses agents, s'il ne s'était pas arrêté à Astorga, l'armée autrichienne aurait, trois mois plus tard, envahi la Bavière, sans trouver devant elle le corps de Davout, accouru du nord de l'Allemagne, les corps de Masséna et de Lannes organisés pendant l'hiver, et Dieu sait ce qui serait advenu !

Sur les anciennes voies de communication, la marche des armées s'opérait avec une lenteur forcée, même dans les mouvements restés célèbres pour une activité exceptionnelle. Ainsi le transport de la grande armée, depuis les côtes de la Manche jusqu'aux bords du Danube en 1805, a demandé quarante-deux jours dont vingt-quatre jusqu'au Rhin et dix-huit du Rhin au Danube. On avait tout loisir pendant ces longues marches de reconnaître exactement le pays qui allait devenir le théâtre de la guerre, et l'on trouve à cet égard, dans la correspondance de Napoléon, des instructions modèles pour les officiers chargés de ces reconnaissances. Tels sont les ordres adressés à Murat ainsi qu'aux généraux Savary et Bertrand au moment de la campagne de 1805. Aujourd'hui les armées, si nombreuses qu'elles soient, arrivent en quelques jours à la frontière; l'étude topographique du théâtre probable des opérations fait partie de la préparation à la guerre, et incombe au service des renseignements.

En France on a toujours eu le défaut de ne pas se prémunir efficacement contre les agents secrets, et l'espionnage a toujours été facile à pratiquer contre nos armées. L'histoire fourmille encore d'exemples à l'appui de ce dire. En 1734, pendant la guerre de la succession de Pologne, le maréchal de Broglie, qui occupait une cassine située sur le bord de la Secchia, fut surpris dans son logement par les troupes impériales, qui avaient franchi la rivière à gué, et deux ou trois brigades de son armée furent attaquées dans leurs camps avant d'avoir pu courir aux armes. On sut ensuite que, pendant plusieurs jours avant cette surprise, des officiers impériaux déguisés en moines ou en marchands avaient parcouru librement les camps et y avaient levé leurs plans sans être le moins du monde dérangés. Bien des faits analogues se sont passés depuis lors. Et ce qu'il y a de plus remarquable, c'est qu'en faisant espionner l'ennemi on n'ait pas toujours l'idée qu'il puisse nous rendre la pareille.

Pendant la guerre de Crimée, dans la soirée du 15 août 1855, des paysans tartares qui avaient parcouru les camps russes vinrent prévenir l'état-major du général d'Allonville, détaché dans la vallée de Baïdar avec sa division de cavalerie, deux bataillons d'infanterie et deux batteries d'artillerie à cheval, que l'armée ennemie se préparait à exécuter le lendemain un grand mouvement sur la Tchernaïa ; ils tenaient ces renseignements des soldats-ordonnances, qu'ils avaient trouvés occupés à préparer les effets et le harnachement de leurs officiers. Le général d'Allonville put ainsi avertir le général Herbillon qu'il serait attaqué le lendemain matin au pont de Traktir. Or, au moment même où ces Tartares venaient raconter ce qu'ils avaient vu chez les Russes, d'autres Tartares circulaient dans nos camps, promenant partout leurs regards curieux : quelques chefs de corps eurent l'idée toute naturelle que cette curiosité pouvait bien avoir un but hostile et firent expulser ces hôtes indiscrets. Comme ceux qui ne voulaient pas s'en aller furent poussés dehors par les hommes de garde, l'autorité supérieure se fâcha et défendit de brutaliser de paisibles habitants.

Voilà où nous en étions ! On est un peu revenu aujourd'hui de cette facilité de caractère et quelquefois, au contraire, on croit voir des espions partout. La vigilance bien entendue se garde également de ces excès opposés.

J'ai été heureux de trouver dans un livre récemment publié les conclusions suivantes, qui sont aussi les miennes : « Il faut à tout prix être renseigné... il est nécessaire d'avoir des fonds secrets suffisants et de se montrer large dans leur distribution. Non seulement il ne faut pas réduire les allocations budgétaires de la guerre pour dépenses secrètes, mais il faut les augmenter le plus possible. (1) » En résumé, la réduction de 200,000 francs proposée par la commission du budget sur le chapitre des dépenses secrètes du ministère de la guerre ne rétablirait pas l'équilibre dans les finances et peut compromettre un service des plus importants. C'est ce qu'on appelle en termes familiers : une économie de bouts de chandelle.

Les historiens qui écrivent pour soutenir une thèse plutôt que pour raconter les faits sont exposés à commettre plus d'une erreur. On à prétendu, par exemple que les généraux de la République ont été sacrifiés par l'histoire et par la popularité aux généraux de l'Empire, à ces hommes qui, pour prix d'un bâton de maréchal, semble-t-on dire, se sont faits les serviteurs de Bonaparte. Je crois pourtant que Hoche, Kléber, Marceau, Desaix, Moreau même malgré sa fin déplorable, Lecourbe et tant d'autres n'ont rien à envier, en fait de gloire, aux Soult, aux Davout, aux Lannes, aux Suchet. Masséna et Gou-

____

(1) *L'Espionnage*, par M. Froment.

vion-Saint-Cyr doivent leur réputation à Rivoli, à Zurich, à Biberach bien plus qu'à leurs campagnes sous l'empire. Jourdan, qui ne brilla pas au premier rang parmi les maréchaux de Napoléon, avait acquis, à Wattignies et à Fleurus, la renommée d'un grand général. Hoche, Kléber, Desaix, Marceau ont eu, pour être jugés par la postérité, un immense avantage : ils sont morts jeunes, et c'est une suprême injustice que de les comparer à ceux qui, leur ayant survécu, ont subi des épreuves qu'une fin prématurée avait épargnées aux premiers.

Si Moreau avait été tué à Hohenlinden en remportant sa dernière victoire, son nom serait resté le plus illustre et le plus honoré parmi les généraux de notre armée. Il a vécu, et quelle qu'ait été sa gloire passée, il nous faut bien le flétrir pour avoir été frappé par un boulet français au milieu de l'état-major des souverains coalisés contre la France !... Ce qui est vrai, c'est que l'apogée des vertus guerrières dans l'armée française et dans ses chefs doit être reportée aux guerres de 1794 et 1795. Soult, qui, après avoir été un des meilleurs généraux de la République, devint un des plus illustres maréchaux de l'empire, nous l'a dit dans une page de ses mémoires avec une haute éloquence : « C'est l'époque des guerres où il y eut le plus de vertu parmi les troupes, » et le général Foy nous apprend que, sur la table des généraux en chef, il n'y avait pas alors d'autre pain que le pain du soldat, d'autre viande que la viande de distribution. Enfin Gouvion-Saint-Cyr, parlant des souffrances du blocus de Mayence pendant l'hiver de 1794 à 1795, fait observer que ces souffrances, comparables à celles de la retraite de Russie, furent supportées avec une admirable constance par des troupes qu'animait le plus pur patriotisme... Oui, tout cela est vrai, mais il faudrait se garder de tomber d'un excès dans l'autre et de donner dans l'exagération opposée à celle des écrivains qui mettent au-dessus de tout les grandeurs de l'empire. Thiers est inexact lorsqu'il rapporte tout à Napoléon. D'autres le sont au même degré lorsqu'ils tournent tout contre Bonaparte.

Certains auteurs glissent facilement sur les détestables choix qui, à l'époque de la toute puissance des Jacobins, amenèrent à la tête des armées de la République les généraux les plus ineptes. « On peut, dit-on, s'être trompé quelquefois. » Mais à ce moment de notre histoire on ne s'est pas borné à commettre quelques erreurs. L'erreur causée par la passion a dominé partout, et il est bon de le répéter, pour qu'on sache bien que, s'il est facile d'accuser de trahison et d'incapacité les généraux appelés à commander les armées dans les circonstances les plus critiques, il est moins facile de les remplacer en leur improvisant des successeurs imposés par l'esprit de parti.

Dans une de mes précédentes causeries, j'ai parlé d'Elie, un des vainqueurs de la Bastille, devenu général de division en quelques jours, grâce à la loi sur l'avancement de 1793. Au moins celui-là était un brave homme, inepte mais honnête, et qui, suivant les termes mêmes d'un rapport adressé par lui au ministre de la guerre, pleurait des larmes de rage lorsque, au premier feu de l'ennemi, il voyait ses soldats improvisés fuir en jetant leurs fusils, leurs sacs et leurs cartouches et s'écriant : « Nous sommes perdus ! » Mais que dire de Charbonnier, général de division à l'armée de Sambre-et-Meuse, que Vandamme, commandant une brigade sous ses ordres, trouvait ivre-mort à table, un jour de bataille, et qui fut destitué pour son inconduite ? L'anecdote suivante suffira pour montrer ce qu'il était.

En 1823, un régiment d'infanterie arrivait à Givet pour y tenir garnison ; conformément au règlement que nous avons vu en vigueur jusqu'en 1853, la colonne s'arrêtait avant de franchir les fossés de la fortification, et le major de la place lui donnait lecture des ordres permanents de la garnison. A la suite de consignes plus ou moins bizarres se trouvait celle-ci : « Défense est faite à tous sous-officiers et soldats d'aller boire avec le ci-devant général Charbonnier. »

Je l'ai dit et je le répète, après les premiers succès de Dumouriez et de Custine, la victoire ne revint plus sous les drapeaux de la République que lorsque les armées furent commandées par de vrais généraux, formés comme officiers et comme sous-officiers dans les rangs de l'ancienne armée, et à ceux-là la gloire ne fut pas marchandée. Quelques-uns cependant furent moins heureux, — je veux parler de Canclaux, le premier général en chef de l'armée de l'Ouest, qui eut sous ses ordres Kléber, et dont Kléber a vanté à toute occasion la fermeté, la sagesse et l'habileté, Canclaux, qui a eu peut-être le tort d'être déjà officier général lorsqu'éclata la Révolution, mais qui racheta singulièrement ce tort en sauvant à Nantes la cause de la Révolution. La grande ville était assiégée, sur la rive droite de la Loire, par Cathelineau, sur la rive gauche, par Charette : Canclaux n'avait pour la défendre que quatre mille hommes de troupes de ligne et dix mille gardes nationaux. Tous les généraux sous ses ordres étaient d'avis d'évacuer Nantes, que ne protégeait aucune enceinte ; les commissaires de la Convention parlaient, dans leur désespoir, de se brûler la cervelle. Canclaux seul fut d'avis de résister et devint l'âme de la résistance. La lutte fut acharnée et dura quinze heures : enfin les Vendéens se retirèrent après avoir perdu leur généralissime Cathelineau. Trois mois plus tard, Canclaux était destitué, comme ci-devant noble, le jour même où les Vendéens, commandés par Bonchamps, étaient battus à Saint-Symphorien, grâce à sa bravoure et à ses talents. C'est Kléber lui-même qui s'exprime ainsi. La Convention lui donna pour successeur Léchelle, que Kléber dépeint comme le plus lâche des soldats, le plus mauvais des officiers et le plus ignorant des chefs qu'on eût jamais vus, inintelligent toujours et lâche à l'occasion. Rappelé en octobre 1794 à la tête de l'armée de l'Ouest, Canclaux inaugura avec sagesse et modestie le système qui, plus tard, fit la gloire de Hoche, et se montra, dans cette guerre si difficile de la Vendée, un des généraux servant la République avec le plus de zèle, de courage et d'habileté.

XIV

21 février 1888.

Historique du conseil supérieur de la guerre. — Conseils de la Régence. — Le conseil de 1787. — Ordonnances de 1788. — Le conseil suprême de la guerre sous la Restauration. — Création du conseil supérieur de la guerre en 1872 et en 1881. — Véritable rôle de ce conseil.

Le conseil supérieur de la guerre, dont il est fort question en ce moment, est une institution toute nouvelle, de création postérieure à la guerre de 1870, mais non pas d'invention récente, car, à plusieurs époques de l'histoire de France, il en a déjà été question, soit qu'elle ait été réalisée pendant quelque temps, soit qu'elle ait été le sujet de tentatives plus ou moins sérieuses.

Tant que l'administration de la guerre fut, de nom ou de fait, dans les mains d'un Sully, d'un Richelieu ou d'un Louvois, il ne pouvait y avoir place pour la tutelle d'un conseil ou même pour son concours, si docile que pût être ce conseil. Sous les successeurs de Louvois, le despotisme était si bien entré dans les habitudes royales ou ministérielles qu'on écartait même du commandement des armées les généraux dont la capacité pouvait porter ombrage, et qu'il fallait se montrer médiocre pour obtenir la faveur du maître. Dès le lendemain de la mort de Louis XIV, une réaction se produisit contre l'autorité des ministres ; le chef de cette réaction ne fut autre que le duc de Saint-Simon, le célèbre et caustique auteur des *Mémoires*, l'ami du régent Philippe d'Orléans, l'ennemi déclaré de ceux qu'il appelait des commis insolents tirés du néant par la fantaisie royale pour écraser la noblesse. Tous les ministres furent remplacés par des conseils qui avaient pour présidents de hauts personnages et dont les membres avaient été choisis avec soin parmi les hommes les plus compétents. Le conseil de la guerre eut pour président Villars. Trois de ses membres devaient devenir maréchaux de France ; chacun d'eux était chargé de diriger une des branches principales du service : à Puységur, l'ancien chef d'état-major des maréchaux Luxembourg et Berwick, maréchal lui-même quelques années plus tard, incombait le mouvement des troupes ; au futur maréchal d'Asfeld, les fortifications ; à Saint-Hilaire, celui-là même qui avait vu tomber son père blessé par le boulet qui tua Turenne, l'artillerie ; à deux intendants du plus haut mérite, Leblanc et Saint-Contest, l'administration. Il semblait que cette machine, composée d'organes de premier choix, dût être la perfection, mais le moteur manquait et la machine fonctionnait à grand'peine. Un conseil est fait pour émettre des avis ou formuler des jugements, mais non pour agir. Il fallut revenir aux ministres sans que l'on songeât même à laisser auprès d'eux un conseil, consultatif cette fois et non plus exécutif.

L'idée d'une institution de ce genre fut émise pour la première fois en 1765, par le duc de Choiseul. Cet ami de madame de Pompadour et de Voltaire introduisit dans l'armée des réformes salutaires et porta les premiers coups à la vé-

nalité des grades, fléau de l'ancien régime.
Avant d'aller plus loin, il voulait s'éclairer de
l'avis des généraux formés par la triste expérience de la guerre de Sept ans ; sa disgrâce célèbre ne lui en laissa pas le temps, mais l'idée
fit son chemin et fut reprise onze ans plus tard
par un ministre qui visait à des réformes plus
radicales que celles de Choiseul et qui n'a pas
laissé une réputation égale aux services qu'il a
rendus : je veux parler du comte de Saint-Germain, honni par ses contemporains pour avoir
introduit dans les règlements sur la discipline
les coups de plat de sabre et de baguette de
fusil, confondu par le gros de la postérité avec
l'aventurier mystérieux qui avait pris son nom
et prétendait être au monde depuis plusieurs
siècles, parlant de Jésus-Christ, de Charles-
Quint et autres personnages historiques comme
de gens dans l'intimité desquels il avait vécu.
Contemporains et postérité ont été injustes envers le ministre Saint-Germain. Les coups de
plat de sabre n'étaient pas de son invention :
les inspecteurs généraux, réunis en comité, les
avaient réclamés comme nécessaires pour ramener la discipline fortement ébranlée par une

guerre malheureuse, et quant aux aventures, celles du vrai comte de Saint-Germain, pour ne dater que de quelques années, n'étaient pas moins extraordinaires que celles de son prétendu homonyme. Ce fut une sorte de soldat cosmopolite, tour à tour au service de l'Autriche, de la Bavière, de la France et du Danemark, et sa carrière accidentée suffirait à montrer combien l'idée de patrie était différente au dix-huitième siècle de ce qu'elle est devenue depuis la Révolution.

» Saint-Germain avait été en Danemark président du Directoire de la guerre ; il regardait une institution de ce genre comme un élément de stabilité et de résistance pour limiter les abus de pouvoir des ministres et empêcher que le changement de personnes n'amenât un bouleversement général des institutions. » « Un tri-» bunal, a-t-il écrit lui-même dans ses *Mémoires*, » conserve mieux les règles et les formes qu'un » particulier, quel qu'il puisse être. Dans un » tribunal, le même esprit, les mêmes maximes » sont à jamais conservés... » Le conseil, tel que le concevait Saint-Germain, devait embrasser toutes les branches de l'administration ; son président avait sa place marquée dans les conseils du souverain ; ses membres étaient inamovibles et irrévocables. Le choix du ministre, longtemps mûri, était enfin fixé pour leur désignation lorsqu'il fut forcé de donner sa démission, accablé par le concert de tous ceux qui vivaient des abus visés par ses réformes. Nommé le 27 octobre 1775, il quitta le pouvoir le 27 septembre 1777. Deux ans ! c'était plus qu'il n'en fallait pour établir ce conseil supérieur qu'il rêvait ; mais, comme tous les réformateurs convaincus, Saint-Germain n'admettait pas la discussion sur ses projets et, craignant de ne pas voir adopter toutes ses idées par un conseil, il en ajournait la nomination jusqu'à ce qu'il eût réalisé tous ses plans...

Lui tombé, son œuvre fut continuée même par ceux qui l'avaient combattu. Un de ses successeurs, le maréchal de Ségur, institua des commissions permanentes ou comités chargés d'étudier les diverses questions qui se rattachaient à l'organisation de l'armée. Les présidents de ces comités, réunis en une sorte de comité central ou supérieur sous la présidence d'un maréchal de France, délibéraient en com-

mun sur les solutions à proposer au ministre.
C'est sur l'avis de ce comité central que fut
enfin créé, en 1787, sous le ministère de M. de
Brienne, le conseil supérieur de la guerre. Le
préambule du règlement publié à cette occasion renfermait plusieurs considérants qui seraient encore de mise aujourd'hui, celui-ci par
exemple :

» Il n'y a qu'un conseil composé et constitué
d'une manière permanente qui puisse créer un
plan, faire de bons règlements et surtout, en
matière d'exécution, mettre de la suite dans les
projets..., empêcher la fluctuation des principes..., enfin, donner une consistance et une
base à l'administration de la guerre. »

Le conseil nommé en 1787 élabora une suite
d'ordonnances et de règlements, publiés en
1788, sur l'organisation générale de l'armée, le
service intérieur, le service en campagne, l'administration et l'avancement. Des intrigues de
toute sorte l'empêchèrent d'achever son œuvre,
qui fut bientôt détruite par la Révolution. Mais,
lorsqu'on lit les ordonnances de 1788, on est
étonné d'y trouver des dispositions qui, après
être tombées dans l'oubli pendant de longues

années, ont été adoptées de nos jours comme le résultat d'études récentes.

C'est ainsi qu'on lit dans le préambule de l'ordonnance sur l'organisation générale de l'armée:

» Le roi veut que ses troupes soient toujours disposées à entrer en action et qu'elles soient à cet effet organisées, équipées et pourvues de tous les effets de campement comme elles doivent être à la guerre... »

Il est vraiment incroyable qu'ayant eu, en 1788, des idées si sages et si simples, on ait attendu plus de quatre-vingts ans pour y revenir en 1871, après en avoir reconnu dans une expérience désastreuse la saisissante vérité !

Pendant la période révolutionnaire, les ministres de la guerre ne furent plus que des agents d'exécution. L'Assemblée constituante s'était réservé le droit de préparer les lois et règlements concernant l'armée ; l'étude en était confiée à un comité militaire pris dans le sein de l'Assemblée elle-même. La Convention absorba le pouvoir exécutif, et le Comité de salut public exerça sa dictature sur l'armée comme sur la nation. Sous le Consulat et sous l'Empire, il n'y eut plus qu'une volonté, celle du maître, qui fut à lui tout seul son conseil suprême de la guerre.

Dès les premiers jours de la Restauration, le roi Louis XVIII, qui n'avait rien de guerrier, mais qui cherchait à gagner le cœur de l'armée en paraissant s'occuper d'elle, institua, par ordonnance du 27 avril 1814, un grand conseil de la guerre composé des maréchaux et d'un petit nombre de lieutenants-généraux, qui devaient se réunir sous sa présidence pour étudier les questions relatives à la réorganisation de l'armée. Je ne crois pas que ce conseil ait jamais été convoqué.

Après les Cents-Jours, l'armée, coupable de s'être rangée sous les drapeaux de Napoléon revenant de l'île d'Elbe, et condamnée par la coalition victorieuse, fut licenciée. Un grand ministre, qui fut aussi un grand patriote, Gouvion Saint-Cyr, ne tarda pas à la réorganiser. Mais, forcé de quitter le pouvoir pour une question de loi électorale, il n'eut pas le temps de consolider son œuvre. Lui parti, l'organisation militaire fut l'objet de modifications incohérentes n'ayant, dit un auteur contemporain, d'autre durée que l'ad-

ministration de tel ou tel ministre ou le crédit
de celui qui les avait proposées. Par suite de la
multitude de règlements, arrêtés, décrets, ordonnances et décisions contradictoires, notre légis-
lation militaire était devenue un chaos inextri-
cable qu'il fallait détruire pour y voir clair. Frap-
pée de cette situation, la commission du budget
nommée par la Chambre des députés en 1826,
émit dans son rapport le vœu « qu'il y eût près du
ministère de la guerre un conseil composé des
officiers généraux les plus expérimentés, pris
dans toutes les armes pour lui donner tout l'ensemble et toute la fixité qu'il doit avoir, éclairer le
ministre sur les hautes parties de son administration et l'aider à y faire les améliorations conve-
nables. Ces améliorations, ajoutait la commission, sont nombreuses ; elles passent les forces
d'un seul homme ; nous sommes donc convaincus
que ce n'est qu'à l'aide d'un conseil permanent
qu'on pourra parvenir à les effectuer. »

Conformément à cet avis, le conseil supérieur
de la guerre fut créé le 17 février 1828, sous le
ministère de M. de Caux, qui appartenait au cabinet libéral de M. de Martignac. Il se composait de
quinze membres, dont trois maréchaux de France,

cinq généraux d'infanterie, quatre de cavalerie, deux du génie et un seul de l'artillerie ; deux intendants militaires y siégaient avec voix consultative. Des causes de diverses natures empêchèrent ce conseil de rendre tous les services qu'on était en droit d'attendre de lui, et il ne tarda pas à encourir la défaveur du pouvoir pour avoir proposé de réduire l'effectif de la garde royale ; il sortit cependant de ses délibérations des travaux remarquables qui, plus tard, furent mis à profit.

Malgré un courant d'opinion assez prononcé qui donna lieu, après la révolution de Juillet, à quelques écrits fortement motivés, il ne fut pas créé de conseil supérieur de la guerre de 1830 à 1872. Après la guerre contre l'Allemage, des considérations d'ordre administratif plutôt que militaire amenèrent M. Thiers à décréter, le 27 juillet 1872, la formation d'un conseil supérieur de la guerre dont la composition bizarre et compliquée sembla un indice frappant du trouble qui régnait alors dans les esprits sous l'influence des événements.

On y voyait figurer, outre le ministre de la guerre, deux maréchaux de France, six généraux

de division désignés au choix, les présidents des
deux comités de l'artillerie et du génie, un vice-
amiral, un intendant général inspecteur, un
inspecteur des finances, un conseiller à la cour
des comptes, un membre du conseil supérieur
du commerce, le chef d'état-major général et les
trois directeurs généraux du ministère de la
guerre. Cette assemblée, présidée par le ministre, était chargée d'examiner toutes les mesures d'ensemble relatives à l'armée, sous les
divers points de vue du personnel et du matériel,
et spécialement de l'armement des troupes, des
ouvrages de défense, de l'administration militaire et des marchés. La composition du personnel et la série des attributions d'un semblable
conseil étaient évidemment trop étendues. Après
un certain nombre de convocations, il cessa complètement de fonctionner et depuis sept ans
déjà il n'avait pas été réuni, lorsque à la suite
d'un rapport du ministre Campenon, il fut complètement modifié par une décision présiden-
tielle du 26 novembre 1884. Cette fois, il ne
devait plus comprendre, sous la présidence du
ministre, que six maréchaux de France ou généraux de division, choisis parmi ceux qui avaient

exercé des grands commandements et le chef
d'état-major général du ministre, rapporteur.
« Ce conseil, disait M. le général Campenon dans
son rapport, devait être une garantie précieuse
contre les innovations inconsidérées et précipitées. » Ses membres pouvaient être chargés d'inspections spéciales. Le chef de l'État et le président
du conseil des ministres se réservaient le droit
d'y assister et, dans ce cas, ils devaient en prendre la présidence.

Ce qui n'était dit ni dans le rapport ni dans la
décision, c'est que les généraux de division choisis pour faire partie du conseil supérieur étaient
ceux qui devaient être appelés à commander les armées en cas de guerre, et que l'attribution essentielle du conseil devait consister à examiner et à
arrêter les plans de préparation à la guerre et les
questions d'organisation. Pour ne pas diminuer
l'autorité du ministre, on laissa la convocation
du conseil facultative et ses avis purement con-
sultatifs. Dès lors, comment pouvait-il être une
garantie sérieuse contre les innovations inconsidérées et précipitées ?... Les ministres qui, dans
la meilleure intention du monde, se sont livrés à
des innovations, se sont bien gardés de consulter

préalablement le conseil, et ceux qui l'ont consulté ont suivi ses avis quand ces avis étaient conformes à leurs désirs. Si le mal n'a pas été plus grand, c'est grâce à l'instabilité ministérielle elle-même qui a relégué dans les cartons à oubliettes les projets prêts à éclore. Cette instabilité n'en est pas moins un danger, et un danger des plus graves, car c'est à peine si, depuis 1875, — et je prends cette date comme étant celle de l'achèvement des bases de notre édifice militaire, il y a eu trois ministres de la guerre assez sages pour ne pas chercher à modifier ces bases au gré de leurs idées personnelles. Or, le comte de Saint-Germain l'avait écrit en 1777 : le conseil supérieur de la guerre doit empêcher les changements de personnel d'amener le bouleversement des institutions.

Ce qui était vrai en 1777, l'est encore aujourd'hui, et à un bien plus haut degré.

J'ai reçu à ce sujet plusieurs lettres de correspondants inconnus, et je crois devoir emprunter à l'une d'elles les considérations suivantes, dont j'avais déjà touché quelques mots dans une causerie précédente :

« Dans l'hypothèse d'une guerre générale,

l'état-major allemand estime que le résultat final de la campagne dépendra en très grande partie des débuts. Lancer, dès la déclaration des hostilités, la plus grande masse possible d'hommes sur notre territoire, par une mobilisation rapide et préparée à l'avance dans ses plus minutieux détails, et, comme ils le disent, nous assommer d'un coup, pour tourner ensuite leurs efforts contre la Russie, plus longue à concentrer ses armées et à entrer en campagne, tel est le plan qui sera suivi, si l'on en croit diverses récentes publications militaires en Allemagne.

« L'état-major allemand a merveilleusement compris les modifications apportées aujourd'hui à la stratégie par la facilité des communications. Savoir amener à point nommé et à heure dite, avec une précision mathématique, des masses d'hommes et des bouches à feu en quantité suffisante pour écraser numériquement l'ennemi, telle est la théorie de la guerre admise aujourd'hui à Berlin, tel est le but poursuivi avec un remarquable esprit de suite par le grand état-major allemand dans ses réformes militaires au fond desquelles on distingue deux idées dominantes : augmentation du nombre d'hommes et de la quantité proportionnelle des bouches à feu. Il est en cela l'imitateur de Bonaparte, qui avait reconnu l'avantage que l'on peut tirer des grandes batteries à l'heure décisive. Or, à la fin de l'époque napoléonienne, on tomba même dans l'exagération, et la quantité trop considérable des bouches à feu fut nuisible à la marche des armées. Ce qui était exagération alors, ne le sera peut-être plus aujourd'hui, où le contact avec l'ennemi commencera le jour de la déclaration de guerre, et où, peu de jours après, les armées destinées à manœuvrer l'une contre l'autre seront amenées par les chemins de fer à quelques journées de marche du terrain de combat. On voit par là combien la préparation à la guerre en temps de paix est devenue plus importante. Organiser savamment le service des transports des hommes et du matériel et celui des approvisionnements, c'est là qu'est le secret de la prochaine victoire. Tel est aussi le rôle d'un état-major permanent. Nommez le grand état-major conseil supérieur de la guerre, peu importe : le point essentiel c'est qu'il soit invariable. »

A ces paroles de mon correspondant j'ajouterai que la vraie solution de la question consiste dans la permanence d'un conseil supérieur dont les convocations seraient forcées, dont les avis seraient transformés en décisions par le président de la République et, dans le cas où elles entraîneraient des dépenses non prévues au budget, soumises par le ministre de la guerre au vote du Parlement. Le grand état-major, dont le chef ou directeur général ferait partie du conseil, en serait l'instrument d'étude et de préparation technique. Le ministre de la guerre, président du conseil supérieur en l'absence du chef de l'État, en serait l'agent d'exécution responsable.

XV

6 mars 1888.

La *Journée du 6 août 1870*, par un Lorrain : batailles de Frœschwiller et de Forbach. — Principe de marcher au canon. — Danger des règles trop absolues. — Exemples historiques : Dupont à Diernstein ; Vedel à Baylen ; Grouchy à Waterloo ; Desaix à Marengo ; Ney à Bautzen. — La campagne de Prusse en 1806. — Les généraux prussiens en 1870. — Batailles de Borny, de Rezonville ; combat de Nouart. — *Lettres sur la stratégie* du prince de Hohenlohe.

Parmi les nombreux livres militaires qui m'ont été adressés depuis quelque temps, je trouve une brochure de quarante-cinq pages, publiée chez Dentu et intitulée : *La journée du 6 août 1870*, par un Lorrain. L'auteur de cette brochure est un habitant du pays annexé, qui a cru devoir taire son nom pour ne pas attirer sur sa famille les rigueurs de l'autorité allemande. J'aime à croire que c'est là un scrupule exagéré, car je ne comprends guère comment les Allemands pourraient s'émouvoir de ce qu'un citoyen des provinces dont ils doivent la possession à la fortune des armes s'est attaché à faire ressortir les fautes commises par les *généraux* français pendant la dernière guerre.

Quoi qu'il en soit, j'ai lu avec le plus vif intérêt la brochure du *Lorrain*, d'abord parce qu'elle vient de là-bas, ensuite parce que j'espérais y trouver des détails inédits sur les deux batailles livrées pendant la triste journée du 6 août 1870: Frœschwiller et Forbach. Mais l'auteur ne s'est guère attaché en y appliquant, avec une conviction communicative, sa connaissance intime du pays qu'il habite, qu'à démontrer ces deux points: d'une part, le corps d'armée du général de Failly, ou du moins deux divisions de ce corps pouvaient et devaient, si elles avaient été convenablement dirigées, arriver sur le champ de bataille de Frœschwiller assez tôt pour changer la défaite en victoire; d'autre part, les quatre divisions du 3e corps d'armée commandé par l'a-

zaine pouvaient venir au secours du général
Frossard et obtenir un triomphe éclatant. Le
premier point a donné lieu à des controverses
dont le dernier mot n'a pas encore été dit; le
Lorrain apporte de nouveaux et sérieux arguments à l'appui de la thèse qu'il soutient. Quant
à la bataille de Forbach, la possibilité matérielle
du secours des divisions du 3ᵉ corps ne saurait
être sérieusement contestée : la brochure dont je
m'occupe la fait ressortir avec une évidence qui
ne souffre plus de contradiction. La discussion
ne roule à ce sujet que sur les responsabilités à
mettre en jeu, et je ne crois pas qu'il soit utile
d'y revenir. Je voudrais seulement dire deux
mots de la fameuse maxime de *marcher au canon*,
que plusieurs historiens de la dernière guerre
ont cru devoir à ce sujet ériger en règle absolue,
et qui, si elle était acceptée comme article de foi,
par l'opinion publique, pourrait dans la prochaine
guerre donner lieu à des appréciations injustes
et à des récriminations passionnées.

Dire que le principe de « marcher au canon »
doit être absolu, c'est dire que le chef d'une
troupe isolée, quel que soit son grade, doit, lorsqu'il entend le canon, quitter le poste qu'il oc-

cupe, abandonner la direction qu'il suit, pour courir vers le point où une action lui semble engagée. Il tombe sous le sens que si, dans un grand nombre de cas, l'application d'une pareille règle peut avoir des effets salutaires, il se présentera plus d'une circonstance où elle sera tout au moins inutile, si elle n'est nuisible. La conduite des armées est un art plutôt qu'une science, et, pour celui qui la pratique, il s'agit moins de poser des règles que de savoir les appliquer à propos. Sans cela, ce serait un métier trop commode; mais il n'existe pas de guide-âne ou de manuel à l'usage des commandants d'armée, de corps d'armée ou de division pour leur tenir lieu de jugement, de décision et d'initiative, pour dispenser le chef suprême de bien savoir ce qu'il veut, les chefs en sous-ordre de savoir également bien ce que l'on attend d'eux, et le résultat auquel ils doivent concourir. Quant à la règle de marcher au canon, voici ce qu'en dit dans ses *Lettres sur la Stratégie* le prince de Hohenlohe, dont les livres ont en Allemagne et même en France une incontestable notoriété :

« On m'a toujours appris, dans tous les cours d'art militaire, que ce n'est jamais une faute de marcher au canon dès qu'on l'entend. Je trouve qu'il est dangereux d'ériger cela en règle absolue. Il y a canonnade et canonnade. On ne peut pourtant pas se porter en avant à chaque coup de canon, autrement on s'expose à des marches et des contre-marches continuelles. Du reste, on se trompe fréquemment sur la direction de ces coups de canon, surtout quand le vent et l'écho s'en mêlent... Pendant la campagne de 1870, je crus, avec tout l'état-major auquel j'appartenais, entendre, pendant plusieurs heures, une violente canonnade. Et ce n'était tout simplement qu'un orage. » Le même auteur cite une autre circonstance dans laquelle de gros boulets passèrent au-dessus des têtes de l'état-major sans qu'on entendît un coup de canon. Tout le monde sait que, pendant la bataille de Forbach, la division Castagny, qui avait été mise en mouvement au bruit de la canonnade, cessa de l'entendre après avoir marché quelque temps, crut l'engagement terminé et revint à son point de départ où elle l'entendit de nouveau, mais cette fois, trop tard. Allez donc fonder des indications précises sur des données aussi vagues. Sans compter qu'on cherche une poudre dont l'explosion fasse aussi peu de bruit que possible, et que la science finira par la trouver.

Je n'ai pas la prétention de donner à mes lecteurs une leçon d'art militaire ; je me bornerai à leur citer quelques exemples historiques faits pour élucider la question que j'ai soulevée. Il y a des circonstances où la règle de marcher au canon s'impose évidemment. Tel fut le cas de la division Dupont au combat de Diernstein dans la campagne de 1805. La grande armée marchait sur Vienne par la rive droite du Danube; les Russes, qui se retiraient devant elle, se dérobèrent en franchissant le fleuve sur l'unique pont de Krems pour passer sur la rive gauche, et Murat, qui commandait l'avant-garde de Napoléon, ne rencontrant plus d'obstacle, précipita sa course, entraînant les corps d'armée qui le suivaient. Le maréchal Mortier, qui avait été jeté sur la rive gauche avec trois divisions pour flanquer la marche de la grande armée, se trouva alors exposé, sans espoir de secours, aux tentatives de l'ennemi. Les trois divisions formaient trois colonnes distinctes, à une journée d'intervalle. Le maréchal était en tête avec la division Gazan; la division Dupont venait ensuite. Soudain les Russes apparurent sur le flanc et sur les derrières de la division Gazan, tout en l'attaquant de front. Ainsi enveloppés par des forces supérieures, le maréchal Mortier et ses soldats luttèrent héroïquement, mais, acculés au fleuve, ils allaient succomber lorsque survint la division Dupont, qui, entendant la canonnade, avait marché à toute vitesse sans s'arrêter à l'étape. Pris à leur tour entre deux feux, les Russes furent complétement battus, et le maréchal Mortier sortit glorieusement du mauvais pas où l'avaient jeté la course précipitée de Murat et le partage de son propre corps d'armée en trois colonnes séparées. On a fait valoir à juste titre la conduite de Dupont dans cette conjoncture, mais il faut bien reconnaître que cette conduite lui était impérieusement dictée.

Trois ans plus tard, le même Dupont, cerné à Baylen par l'armée espagnole, se vit forcé de subir la plus honteuse capitulation, parce que le général Védel, commandant une division sous ses ordres, ne marcha pas assez franchement au canon pour le secourir. Védel, en se dirigeant sur Baylen, laissait derrière lui, à la Caroline, une autre division qui avait soutenu la veille un

combat très vif et qu'il craignait de voir attaquée
de nouveau ; aussi s'en éloignai-t-il comme à
regret et avec une hésitation encore augmentée
par la nécessité d'accorder de fréquents repos à
ses jeunes soldats, accablés par une chaleur tor-
ride. Lorsque, enfin, il arriva devant Baylen, il
était trop tard ! La capitulation était signée, et
il s'y trouva englobé avec sa division et celle
qu'il avait laissée à la Caroline. Cet événement
eut bien d'autres causes que je n'ai pas à développer ici; il offre, en tout cas, un exemple
lamentable du défaut de décision. Lorsque, à la
guerre, on a pris un parti, il faut l'adopter franchement sans esprit de retour. Garder une troupe
immobile entre deux points où sa présence pourrait être utile, c'est la neutraliser; la promener
d'un de ces points à l'autre, c'est l'épuiser sans
profit, comme le fut, le 16 juin 1815, le corps de
Drouet d'Erlon, envoyé des Quatre-Bras à Ligny
et renvoyé de Ligny aux Quatre-Bras, fina-
lement faisant défaut à Ney pour battre les Anglais aux Quatre-Bras aussi bien qu'à Napoléon
pour compléter la défaite des Prussiens à Ligny.

Parmi les exemples les plus célèbres invoqués
à l'appui de la maxime de marcher au canon, il

en est deux qui sont pour ainsi dire classiques, Waterloo et Marengo. Le premier de ces exemples a donné lieu aux polémiques les plus passionnées, voire même à de vives accusations dont le temps a fait justice et qui n'ont plus aujourd'hui qu'un intérêt rétrospectif. Le fait brutal est celui-ci : L'armée prussienne avait été battue le 16 juin 1815 à Ligny. Grouchy fut chargé par Napoléon, dans la journée du 17, de poursuivre cette armée avec l'aile droite de l'armée française. Or, le 18, pendant que Napoléon était aux prises avec Wellington et l'armée anglaise, Blücher et l'armée prussienne, apparaissant sur le champ de bataille, décidèrent la défaite de Napoléon et la déroute de son armée. Grouchy, annoncé à tort ou à raison aux combattants pour soutenir leur courage, ne parut pas. Il ne s'agit pas ici de décider qui doit porter devant l'histoire la responsabilité de cet événement, mais tout simplement de savoir si, au moment où Grouchy entendit à Sart le bruit de la canonnade de Waterloo, il lui était encore possible de marcher au canon de manière à prévenir le désastre. Eh bien ! réduite à ces termes, la question n'est pas définitivement jugée. Parmi

les historiens et les critiques militaires, les uns
y repondent oui, les autres non! Si, après
soixante-douze ans d'examen et de discussion,
avec la connaissance entière des lieux, des distances et de la situation de tous les corps d'armée,
il y a encore doute sur le parti qui aurait du
être pris, comment s'étonner qu'il y ait eu incertitude alors qu'on était aussi imparfaitement
renseigné?

L'exemple de Marengo est infiniment plus net,
mais la plupart du temps les faits qui s'y rap-
portent sont bien inexactement exposés. On
croit généralement que Bonaparte, attaqué par
des forces supérieures, se voyait contraint de
reculer devant les Autrichiens victorieux, lorsque
Desaix, accouru au bruit du canon, déboucha
sur le champ de bataille et changea cette défaite
en une victoire éclatante. Ce n'est pas tout à fait
cela. La vérité est que, trompé par des reconnaissances imparfaites et ignorant qu'il avait en
face de lui l'armée autrichienne, Bonaparte avait
envoyé le 13 juin Desaix, avec la division Bou-
det, à la recherche de cette armée sur la route
de Gênes par Novi. Desaix suivait donc cette
route lorsque, le 14 au matin, de Rivalta, où il

se trouvait, il entendit le canon derrière lui ; il ne rebroussa pas chemin, mais il s'arrêta et fit reconnaître la route jusqu'à Novi par un de ses aides de camp.

Certain alors qu'il n'avait rien devant lui et comprenant facilement qu'il tournait le dos à l'ennemi, au lieu de marcher à lui, il envoya en toute hâte le même aide de camp à Bonaparte, pour lui demander des ordres, et se tint tout prêt à revenir sur ses pas. De son côté, le premier consul avait, aussitôt la bataille engagée, expédié un officier de son état-major à Desaix pour le rappeler au plus vite. Ainsi prévenu, Desaix arriva sur le champ de bataille et changea du tout au tout, comme on le sait, la face des choses. S'il ne s'était pas arrêté au bruit du canon, l'officier envoyé pour le rappeler l'aurait rejoint trop tard et la bataille eût été perdue définitivement.

Mais on ne peut pas dire qu'il marcha au canon.

Non seulement la règle de marcher au canon ne saurait être absolue, mais on peut même citer des cas où son application a été nuisible. Témoin le maréchal Ney à la bataille de Bautzen. Il avait été chargé de tourner l'aile droite de l'armée des coalisés pour tomber sur ses derrières pendant que Napoléon l'attaquerait de front. Il exécuta d'abord très bien sa mission; mais, quand il fut à hauteur de la ligne ennemie, entendant le bruit de la bataille à sa droite, il s'arrêta et changea brusquement de direction pour marcher au canon. En vain son chef d'état-major Jomini lui fit-il observer qu'il manquait à ses instructions. « Je n'ai jamais tourné le dos au canon », répondit-il, et la manœuvre ordonnée par Napoléon fut manquée, la victoire de Bautzen ne produisit pas les résultats attendus.

On cite volontiers les généraux allemands marchant toujours au canon pendant la dernière guerre : il faut cependant en prendre et en laisser. A la bataille de Borny, par exemple, le 14 août 1870, un commandant d'avant-garde s'étant jeté un peu follement sur l'armée française qui rentrait dans Metz, « toutes les troupes des deux premiers corps de l'armée allemande et une partie de la seconde armée — dit le prince de Hohenlohe — purent prendre part au combat avant la tombée de la nuit, car elles connaissaient la situation générale, ainsi que leur destination éventuelle, et les généraux, entendant le canon, se dirigèrent tous du côté où ils pouvaient être le plus utiles ». A merveille ! mais lorsque les mêmes généraux allemands n'étaient pas aussi exactement renseignés, ils cherchaient à s'éclairer avant de prendre une décision. Le prince de Hohenlohe cite à cet égard deux faits caractéristiques dont il a été témoin.

Le 16 août, pendant la bataille de Rezonville, la garde royale prussienne était en route pour gagner la Meuse à Saint-Mihiel où elle devait arriver le lendemain et avait atteint ses cantonnements pour la soirée à Bernécourt lorsqu'on entendit le canon. Le commandant en chef de la garde envoya à la découverte deux officiers qui rapportèrent le soir des nouvelles de la bataille et donnèrent des renseignements desquels le général conclut que, très probablement, il recevrait l'ordre de marcher au secours des troupes qui avaient combattu. Il expédia alors un officier à Thiaucourt au devant de cet ordre et disposa, pendant la nuit, ses troupes de manière à pouvoir facilement, dès qu'il serait édifié, les mettre en marche soit sur l'ancienne, soit sur la nouvelle direction. Il reçut, en effet, l'ordre

14.

de marcher vers le champ de bataille du 16, mais il n'avait pas pris sur lui d'agir contrairement à ses premiers ordres. De même pendant la marche de l'armée de la Meuse contre le maréchal de Mac-Mahon, le commandant de la garde, entendant le bruit du combat de Nouart, s'arrêta en attendant qu'il sût s'il y avait lieu de porter secours aux troupes engagées de ce côté. Dès qu'il eut obtenu une réponse négative, il reprit sa marche. « Si, dans cette circonstance, — dit le prince de Hohenlohe, — le commandant de la garde eût marché au canon, il aurait commis une faute grave en abandonnant l'objectif fixé par l'état-major général pour poursuivre un but problématique. »

En voilà bien assez pour montrer aux lecteurs les plus étrangers à l'art militaire qu'on ne fait pas la guerre avec des formules générales, que l'application des principes est subordonnée au jugement et à l'initiative des chefs à tous les degrés de la hiérarchie, et qu'en condamnant tel général uniquement parce que, dans telle circonstance, il n'a pas appliqué telle ou telle règle, comme, par exemple, celle de marcher au canon, certains écrivains font de la critique facile, mais sans fondement sérieux.

XVI

20 mars 1882.

Un mot sur la question du jour. — Transmission des ordres
et renseignements à la guerre. — Ordre du 14 juin 1815.
— Télégraphie électrique. — Correspondance par cavaliers. — Petits postes. — Napoléon I⁰. — Campagne de
1805. — Guerre de 1870. — Bataille d'Eylau. — Bataille
de Beaumont. — Cryptographie. — Télégraphie optique.

On s'étonnera peut-être de ne pas me voir
traiter dans cette causerie la question du jour,
celle qui agite profondément l'opinion, moins
dans l'armée, il est vrai, que dans le public. J'ai,
pour m'en abstenir, plusieurs raisons péremp-
toires, ne fût-ce que le parti pris d'éviter toute
personnalité et l'horreur de la politique mêlée
aux questions militaires, surtout aux questions

de discipline. Il n'y a pas à en douter, d'ailleurs, le sentiment que j'exprime là est celui de toute l'armée qui, après un moment d'inévitable émotion, envisage avec calme des incidents qui ne sauraient la troubler.

Plus d'une fois déjà on a vu des officiers généraux investis d'un commandement être frappés pour avoir enfreint les règles de la discipline. Leur peine subie, ils sont rentrés dans le rang obéis et respectés comme par le passé, parce qu'ils avaient donné un grand et salutaire exemple en s'inclinant sous la loi commune, et parce que aux yeux de l'armée, toute faute qui ne rejaillit pas sur l'honneur du soldat est effacée par l'expiation noblement acceptée. En sera-t-il de même cette fois? L'armée, qui en est convaincue, puise dans cette conviction l'indifférence pour des manifestations qui pourraient la compromettre, si elle y prêtait une oreille trop complaisante.

Ceux qui à la tribune, dans la presse ou dans la rue, chercheraient à provoquer des protestations contre une mesure disciplinaire risqueraient de faire à leur patrie un mal qu'il n'est certainement pas dans leur intention de lui infliger. Dans le duel à mort où la France peut être engagée d'un moment à l'autre, une armée dont la discipline serait ébranlée ressemblerait à une épée d'un métal mal trempé, exposée à se briser avant d'atteindre le cœur de l'ennemi. C'est ce dont tous les Français devraient être bien convaincus à l'heure qu'il est.

Cela dit, je retourne à mes études habituelles.

A la guerre, l'ordre le mieux conçu n'a de sens que s'il parvient en temps opportun à ceux qui sont chargés de l'exécuter; le renseignement le plus précieux perd toute sa valeur s'il est communiqué trop tard à celui qui doit l'utiliser. Aussi la transmission des ordres et des renseignements forme-t-elle une des branches les plus importantes du service des états-majors. L'établissement et le fonctionnement des divers procédés de correspondance à employer dans les armées ont été dans ces derniers temps l'objet d'études approfondies, dans lesquelles on a mis à profit les découvertes récentes de la science et de l'industrie.

Qu'il s'agisse de procédés savants ou de vieux moyens usités dans les guerres du commencement de ce siècle, la première condition qui s'impose pour assurer l'efficacité des communications par correspondance, c'est que chacun fasse connaître exactement sa position et soit tenu au courant de celle des autres, de telle sorte qu'il n'y ait pas d'hésitation et de temps perdu à courir après les destinataires des ordres ou des renseignements. C'est une condition sur laquelle Napoléon, ce grand maître de l'art de la guerre, pour les détails comme pour l'ensemble, ne cessait d'insister dans ses lettres. Ses préceptes et son exemple furent trop vite oubliés quand vinrent les jours de décadence, et cet oubli lui coûta cher dans la funeste campagne de 1815. Un ordre de l'état-major général, minutieusement rédigé, avait dû être communiqué dans la soirée du 14 juin à tous les commandants de corps d'armée pour le passage de la frontière et la marche sur la Sambre, dans le but de surprendre l'armée prussienne et de la séparer de l'armée anglaise. La composition des colonnes, au nombre de trois, l'ordre dans lequel devaient y entrer les divers éléments destinés à en faire partie, l'heure du réveil et de la mise en route pour chaque corps d'armée, tout était prévu. La tête de la colonne du centre, avec laquelle devait marcher l'Empereur, et qui était chargée d'occuper Charleroi, se composait de la cavalerie légère de Pajol, suivie du 3ᵉ corps d'armée commandé par le général Vandamme. Celui-ci, mécontent de certains procédés de l'état-major, s'était retiré le 14 au soir sans faire connaître son logement. L'officier chargé de lui porter l'ordre ne le trouve pas, erre toute la nuit à sa recherche, tombe de cheval, se casse la jambe, etc. Bref, quand le commandant du 3ᵉ corps fut informé par hasard du mouvement qu'il avait à exécuter, il était six heures du matin, et il aurait déjà dû être en route depuis trois heures !...

Il en résulta que la cavalerie entrée à Charleroi ne fut pas soutenue par l'infanterie, que les Prussiens eurent le temps de se reconnaître et que la surprise si bien combinée fut à peu près manquée.

Quant aux procédés suivis pour la transmission des ordres et des renseignements, ils varient suivant que les communications sont complètement libres et à l'abri des tentatives de l'ennemi, ou qu'elles sont plus ou moins exposées à être interceptées, ou bien même qu'elles sont absolument fermées, comme lorsqu'il s'agit d'établir une correspondance avec une place étroitement bloquée.

Dans le premier cas seulement, le télégraphe électrique et le téléphone peuvent être employés ; encore leur usage est-il forcément limité ; on ne relie guère par réseau télégraphique que les quartiers généraux d'armée avec les quartiers généraux de corps d'armée ou avec le commandement d'une troupe détachée pour une mission temporaire. La cavalerie peut aussi établir des lignes électriques de peu d'étendue, mais il faut toujours, dans la plupart des cas, avoir recours au vieux procédé de la transmission des ordres et des renseignements par des cavaliers. La correspondance journalière est portée par les estafettes d'état-major, sous-officiers choisis dans les pelotons d'escorte des quartiers généraux ; la transmission des ordres et des renseignements d'une nature ou d'une importance spéciale est presque toujours confiée à des officiers. Le système qui prévalait à cet égard dans les anciennes guerres était celui des relais ou petits postes de cavalerie, échelonnés à des distances variables suivant la route à parcourir, et dont les officiers porteurs d'ordres pouvaient monter les chevaux. La correspondance de Napoléon montre l'importance qu'il attachait à l'établissement de ces petits postes réglé souvent par lui-même jusque dans les détails les plus minutieux. Dès la campagne de 1796, en Italie, on le voit établir un réseau complet reliant Milan à Vérone, Vicence, Mantoue... Pendant la campagne de 1805, il prescrivait, le 7 novembre, au général Marmont, dirigé sur Steyer, de laisser de cinq en cinq lieues de petits postes de cavalerie, afin de pouvoir correspondre facilement avec le quartier-général impérial et permettre à l'Empereur de savoir promptement ce qui se passerait dans les vallées de l'Enns et de la Muhr ainsi qu'en Italie. Le 12 novembre, il donna l'ordre au général Kellermann, commandant l'avant-garde du 1er corps d'armée, de placer des petits postes de lieue en lieue, afin que les officiers d'ordonnance pussent monter leurs chevaux ou que les hommes eux-mêmes portassent les dépêches. Dans les moments d'urgence, il prenait d'autres moyens pour être renseigné promptement. Ainsi, lors de l'attaque tentée par les Russes au commencement du mois de février 1807, il prescrit à Bessières d'envoyer en observation deux officiers de son état-major avec un piquet de cinquante chasseurs: « ces officiers devraient, dès qu'ils entendraient le canon, expédier une ordonnance avec une note, une demi-heure après en expédier une seconde avec une nouvelle note, et ainsi de suite de demi-heure en demi-heure. »

Les conditions de la guerre, à ce point de vue, sont bien loin d'être aujourd'hui ce qu'elles étaient alors. L'emploi du télégraphe électrique, du téléphone et de la télégraphie optique, dont je dirai deux mots tout à l'heure, rendra la plupart du temps les relais inutiles. Dans l'armée allemande, l'expérience de la guerre de 1870 a montré qu'il n'y avait avantage à employer les relais que pour les distances supérieures à 45 kilomètres et que, pour les distances plus faibles, il était préférable de faire porter directement les ordres par des officiers d'ordonnance. On s'attache, il est vrai, à choisir ces officiers parmi les mieux montés et les plus vigoureux au physique comme au moral. Von der Goltz, dans la *Nation armée*, cite un officier d'ordonnance du prince Frédéric-Charles, qui fit un jour, pendant la campagne de la Loire, dans l'hiver de 1870-1871, le chemin d'Orléans à Vierzon, aller et retour : la distance simple est de 79 kilomètres, et cet auteur ajoute : On cite plusieurs faits semblables dans l'armée allemande. » Lorsque Napoléon demandait des nouvelles à ceux de ses maréchaux qui marchaient en avant de lui ou sur des routes latérales à la sienne, il ne manquait jamais de dire : « Surtout renseignez-moi par quelqu'un qui aille vite. » Prescription qui n'était pas toujours suivie et dont l'oubli faillit plus d'une fois coûter cher. Il faut lire à ce sujet, dans les intéressants *Souvenirs militaires* du duc de Fezensac, le récit émouvant de la course faite par cet officier, envoyé le matin du 8 février 1807, du champ de bataille d'Eylau, vers le maréchal Ney, dont il était l'aide de camp, pour le rappeler en toute hâte avec son corps d'armé. N'ayant qu'un cheval épuisé de fatigue, il en acheta un qu'un soldat conduisait en main, fut obligé de lutter avec ce cheval mal dressé pour le faire marcher, et, malgré toute sa bonne volonté, n'arriva qu'à deux heures de l'après-midi auprès du maréchal, lequel, prévenu ainsi trop tard, fut devancé sur le champ de bataille par le corps prussien qu'il était chargé de poursuivre : circonstance qui rendit la victoire sanglante et peu décisive.

L'auteur allemand que je viens de citer recommande d'envoyer deux officiers pour les courses

longues et dangereuses, parce que les chevaux courent mieux de compagnie. C'est là
sans doute une précaution bien utile ; car, s'il
arrive un accident à l'un des deux officiers,
l'autre peut au moins atteindre sa destination. Si
l'état-major général avait agi de la sorte le
14 juin 1815, dans le cas que j'ai rappelé plus
haut, pour l'ordre à envoyer au général Vandamme, l'ordre ne serait pas resté en outre avec
l'officier, qui s'était cassé la jambe. Un ou deux
cavaliers d'escorte ne sauraient d'ailleurs tenir
lieu du deuxième officier, car, d'ordinaire, les
chevaux de troupe n'ont pas la vitesse des chevaux d'officier, sont plus chargés et plus fatigués.
L'escorte est donc souvent une cause de retard.

Ceci m'amène à parler des correspondances
susceptibles d'être interceptées par l'ennemi. On
a dit avec une certaine raison que les escortes
empêchaient rarement l'officier porteur d'ordres
d'être pris par l'ennemi s'il tombait dans un parti
ou dans une reconnaissance. L'histoire militaire
fourmille d'exemples de dépêches ainsi capturées
et de l'influence exercée par cette capture sur les
opérations. Un des plus célèbres est celui du jeune
officier d'ordonnance envoyé par Napoléon à

Bernadotte, le 31 janvier 1807, pour lui prescrire un mouvement qui devait entraîner la destruction presque assurée de l'armée russe, commandée par Benningsen La dépêche dont cet officier était porteur contenait l'exposé complet du plan de l'Empereur et indiquait la position des corps d'armée qui devaient y concourir. L'officier voyageait en traîneau : succombant à la fatigue, il s'endormit, ne tarda pas à se réveiller au milieu d'un parti de Cosaques et n'eut pas le temps de détruire ses dépêches, qui furent portées à Benningsen. Celui-ci, dûment averti et pleinement édifié, se hâta de battre en retraite et de concentrer son armée. La campagne, au lieu d'être décisive, aboutit à la boucherie sanglante d'Eylau, dont je parlais tout à l'heure.

Un fait plus récent et dont les conséquences furent au moins aussi graves est celui de l'officier envoyé, dans la nuit du 29 août 1870, par le maréchal de Mac-Mahon, pour porter au général de Failly l'ordre de marcher sur Beaumont. Cet officier, qui était escorté par un piquet de chasseurs et que la nécessité d'aller d'abord porter un ordre au général Douai (disposition bien regrettable, soit dit en passant), avait mis en retard, tomba, le

29 au matin, dans une grand'garde allemande : son piquet fut sabré et lui-même fut pris avec ses dépêches. Les conséquences de cet incident furent le retard apporté à la marche du général de Failly et la bataille de Beaumont.

Dans les deux cas que je viens de citer, les dépêches interceptées étaient écrites *en texte clair*, c'est-à-dire en langage ordinaire et non en langage chiffré. On sait que dans le langage chiffré les lettres et quelquefois les mots sont remplacés par des lettres ou des chiffres conventionnels, dont les personnes qui ont la clef du chiffre employé devraient seules connaître la véritable signification. Il y a longtemps que l'art d'écrire ainsi, désigné sous le nom de *cryptographie*, est connu et mis à profit ; mais il a longtemps aussi que des hommes exercés à la cryptographie savent déchiffrer des dépêches ainsi écrites sans avoir besoin d'en posséder la clef. Bonaparte, premier consul, disait à Kléber, dans une lettre qu'il lui adressait en Égypte : « Je n'ose rien vous écrire, même en chiffres. Tout est trop facilement déchiffré. » On raconte que, le général Berthaut étant ministre de la guerre et recevant une dépêche chiffrée de l'officier qui suivait en Orient les opérations de l'armée russe contre les Turcs, comme l'employé qui avait la clef des chiffres se trouvait absent, un aide de camp du ministre réussit sans la clef à déchiffrer la dépêche en moins de deux heures. La cryptographie a cependant fait de grands progrès et l'on est parvenu à trouver des combinaisons qui rendent bien difficile la lecture sans clef des dépêches chiffrées; mais il restera toujours le danger que le secret des chiffres ne soit porté à la connaissance de l'ennemi par la prise des effets d'un de ceux qui sont initiés à ce secret et qu'il en profite, non seulement pour déchiffrer les dépêches qui lui tomberont entre les mains, mais encore pour fabriquer de fausses dépêches.

D'ailleurs un ordre intercepté, s'il n'apprend rien à l'ennemi parce que celui-ci ne sait pas le lire, n'en est pas moins perdu pour le destinataire, qui se trouve ainsi dans l'impossibilité de l'exécuter.

L'emploi de la télégraphie optique remédie à ce grave inconvénient. Certes, ce n'est pas chose nouvelle que l'idée de la télégraphie optique. Les Gaulois, qui allumaient des feux sur les hauteurs pour signaler la marche des légions de César, les Suisses, qui convoquaient par des feux les montagnards d'Uri, d'Unterwald et de Schwitz au rendez-vous du Rutli, faisaient de la télégraphie optique. Walter Scott, dans son roman de l'*Abbé*, cite un cas déjà plus compliqué de signaux lumineux. Marie Stuart, enfermée dans le château de Lochleven, communique avec ses partisans, qui depuis l'autre rive du lac, à l'aide de lumières alternativement apparentes et cachées, suivant un langage convenu à l'avance, la tiennent au courant de leurs projets pour la faire évader. Tel est simplement le principe de la télégraphie optique, développé et perfectionné par les progrès de la science. Une source intense de lumière, un système de lentilles ou de miroirs télescopiques destinés à concentrer et à projeter cette lumière en un faisceau de rayons parallèles, que l'on dirige à volonté vers le point où les signaux doivent être recueillis, un écran mû par un manipulateur et permettant d'intercepter la lumière pendant des intervalles de temps déterminés, enfin une lunette pour apercevoir les signaux du poste avec lequel il s'agit de correspondre : tel est dans son ensemble l'appareil de télégraphe optique imaginé par M. le colonel du génie Mangin et employé dans l'armée française. Pour le service de campagne, la source de lumière est une forte lampe à pétrole à mèche plate ; lorsque le temps le permet, on utilise les rayons solaires. On emploie des appareils à lentilles, dits de 14 ou de 24 centimètres, d'après le diamètre de la lentille qui projette les rayons lumineux, avec la lampe à pétrole et pendant la nuit. Les premiers portent à 25 kilomètres, les seconds permettent de correspondre jusqu'à 45 kilomètres. Pendant le jour, avec la lumière solaire, la portée est un peu plus grande, mais elle est considérablement réduite si l'on est obligé d'employer la lampe à pétrole. Les appareils de place dont je n'ai pas à m'occuper ici ont une portée qui peut aller jusqu'à 100 et même 120 kilomètres. Les signaux employés sont ceux de l'alphabet Morse, dont les longues et les brèves sont représentées par des apparitions intermittentes de la lumière.

C'est surtout la cavalerie d'observation qui doit faire usage de la télégraphie optique. Chaque régiment de cavalerie possède un atelier de trois cavaliers ayant reçu une instruction télégraphique spéciale ; la réunion des ateliers des régiments d'une même division forme une section télégraphique légère sous la direction d'un agent des télégraphes, monté. Le petit matériel est porté dans des sacoches : les appareils le sont sur une voiture légère.

En regard de ses avantages, la télégraphie optique présente plusieurs inconvénients ; ses signaux sont aperçus par l'ennemi, qui peut en faire son profit ; l'ennemi peut même tromper les observateurs par des dépêches simulées, enfin il ne reste aucune trace des dépêches transmises, et au cas de la non exécution d'un ordre, la responsabilité en reste indéterminée. On remédie aux deux premiers inconvénients par la cryptographie et par l'emploi de signaux convenus à l'avance, destinés à assurer l'identité de celui qui expédie une dépêche. Quant à l'enregistrement automatique des dépêches, malgré plusieurs essais heureux, la science n'a pas encore réussi à l'obtenir d'une manière assez pratique.

XVII

3 avril 1888.

Une histoire des variations de la discipline dans les armées, et en particulier dans l'armée française, serait à coup sûr fort intéressante; mais son étendue dépasserait les limites d'un article de journal. Je me propose seulement de dire ici quelques mots de la désorganisation de l'armée et du rétablissement de la discipline au début de la grande Révolution.

L'armée de l'ancienne monarchie, si brillante sur les champs de bataille de Rocroy, de Fleurus et de Fontenoy, n'avait pas été le modèle de toutes les vertus militaires. Elle portait en elle deux causes inéluctables d'indiscipline : d'une part, son mode de recrutement faisait affluer dans ses rangs les mauvais sujets et les paresseux raccolés après boire dans les cabarets et les mauvais lieux ; d'autre part, une ligne de démarcation presque infranchissable, suivant l'expression du général Foy, séparait « les officiers, appelés à occuper tous les grades sans avoir pris la peine de les gagner, et les soldats, condamnés à tout mériter sans rien obtenir ». La désertion à l'étranger s'y pratiquait sur une large échelle ; car, au moindre mécontentement, des soldats mercenaires ont une tendance naturelle à s'en aller chercher fortune ailleurs.

Des armées ainsi constituées demandaient à être tenues d'une main ferme, mais sans raideur apparente, et elles manifestaient en campagne une tendance au pillage et à la violence qui, toujours difficile à réprimer, poussait le soldat à tous les excès lorsque le commandement se trouvait dans des mains faibles ou inexpérimentées. C'est ainsi que dans l'armée du prince de Soubise, battue à Rosbach, le comte de Saint-Germain, qui commandait un corps d'armée, écrivait au ministre de la guerre maréchal de Belle-Isle : « Je conduis une bande de voleurs, d'assassins à rouer, qui lâcheraient pied au premier coup de fusil et qui sont toujours prêts à piller... » Vingt ans plus tard, le comte de Besenval, qui avait été appelé à commander une division en province, écrivait à son tour : « Quelque idée que je me fusse formée de l'indiscipline et de l'anarchie qui régnaient dans les troupes, elle était encore fort au-dessous de ce que je trouvai quand je les vis de près. »

Cet état de choses, il faut bien le dire, s'était considérablement amélioré sous le règne de Louis XVI, par suite des réformes dont le comte de Saint-Germain, devenu ministre, avait pris l'initiative.

La guerre d'Amérique avait provoqué de nombreux engagements, et la présence de jeunes gens instruits, animés par l'enthousiasme pour la cause de la liberté, corrigeait ce que présentaient de défectueux les éléments fournis par le raccolage habituel. Conduites par Rochambeau, un des rares généraux qui étaient sortis de la guerre de Sept ans avec une réputation intacte, les troupes envoyées en Amérique étonnèrent et charmèrent par leur discipline les populations qu'elles allaient secourir.

Tel était donc l'état de l'armée au moment de la Révolution : Sous l'apparence de la discipline, des germes de désordre y fermentaient ; en outre, les revendications les plus légitimes, auxquelles le pouvoir refusait de prêter l'oreille, s'élevaient des rangs subalternes, où les idées libérales gagnaient de jour en jour des adhérents pleins d'ardeur. La malencontreuse ordonnance de 1786, en interdisant l'accès de l'épaulette à quiconque ne pouvait prouver sa noblesse, avait porté au plus haut point le mécontentement des jeunes sous-officiers qui sentaient leur valeur et frémissaient d'être réduits à toujours obéir sans pouvoir commander à leur tour. L'armée était mûre pour la décomposition, que la sagesse des pouvoirs publics aurait pu seule conjurer en prenant l'initiative des réformes indispensables.

Chose remarquable : le signal du désordre fut donné par le corps privilégié entre tous, le régiment des gardes-françaises ; par lui, l'indiscipline éclata ouvertement; par lui, elle triompha; par lui, c'est-à-dire par son exemple, elle s'étendit sur toute l'armée comme une tache d'huile, dont les efforts de l'autorité furent impuissants à arrêter les progrès. Depuis la guerre de Sept ans, le régiment n'avait pas quitté Paris, où un séjour ininterrompu de vingt-six années l'avait pour ainsi dire identifié avec la population. Disséminés dans tous les quartiers de la capitale, n'y occupant pas moins de quinze casernes, les soldats avaient formé des liaisons avec les hommes de désordre dans les cabarets et autres lieux de plaisir; les sous-officiers avaient pris part aux réunions de la jeunesse libérale. Ils connaissaient fort peu leurs officiers, qui ne paraissaient guère au milieu d'eux que pendant les périodes de service à Versailles, et, depuis que leur ancien colonel, le maréchal duc de Biron, adoré et respecté pendant quarante années d'exercice du commandement, avait été remplacé par un chef hautain et formaliste, le duc du Châtelet, des froissements de toute sorte avaient achevé de les désaffectionner.

Le régiment fit pourtant son devoir dans les premières émeutes; mais, le 20 juin 1789, la cavalerie commandée par le prince de Lambesc ayant chargé dans les Tuileries les rassemblements populaires excités par le renvoi du ministre Necker, les gardes-françaises en armes prirent le parti du peuple et repoussèrent la cavalerie à coups de fusil. Quelques gardes ayant été alors emprisonnés à l'Abbaye, la foule brisa les portes de la prison et, portant en triomphe les gardes délivrés, les amena au palais Royal pour les protéger contre une nouvelle arrestation. L'Assemblée nationale demanda leur grâce, qui fut accordée par le roi à une députation de l'Assemblée que conduisait l'archevêque de Paris. Cette grâce n'empêcha pas les gardes-françaises de concourir, le 14 juillet, à l'attaque de la Bastille, dont quatre cents d'entre eux, conduits par un sous-officier et amenant des canons, décidèrent le succès : à la suite de cet événement, tous les officiers donnèrent leur démission, et le régiment fut licencié.

Les gardes-françaises devinrent alors l'objet des ovations les plus enthousiastes et en même temps une cause d'embarras pour la municipalité parisienne. Leurs exigences ne connurent plus de bornes : il fallut leur distribuer plus d'un

million provenant de la vente de leurs casernes
et de leur hôpital et les incorporer dans la garde
nationale, dont ils formèrent les compagnies soldées. Les ovations dont ils avaient été l'objet
avaient surexcité les esprits dans les régiments
de province : de toutes parts, les déserteurs de
ces régiments affluaient à Paris ; on les adjoignit
aux gardes-françaises dans les compagnies soldées. Bientôt, un des corps appelés à Versailles
pour la garde de l'Assemblée et de la famille
royale, le régiment de *Flandre*, se signala par
son insubordination et pactisa avec l'émeute.
Enfin, le mal ne tarda pas à devenir général.
Deux causes principales contribuèrent à le pro-
pager rapidement : 1° la faculté accordée aux
soldats de délibérer en commun sur leurs intérêts
et leurs droits, de former à cet effet des comités
dans les régiments, d'affilier ces comités entre
eux et avec ceux de la garde nationale ; 2° l'intervention des municipalités, auxquelles devait
être soumise la force armée dans toute l'étendue
de la commune et qui prétendirent se mêler des
questions de discipline, prenant toujours le parti
de la troupe contre les officiers, délivrant par la
force les hommes punis et dénonçant à l'Assem-

blée les colonels qui avaient la prétention de se faire obéir de leur régiment.

Un seul exemple, le plus célèbre de tous, il est vrai, suffira pour montrer les tristes progrès accomplis à cet égard dans l'esprit public. Le régiment du *Roi*, dont les privilèges égalaient presque ceux des gardes-françaises, et qui se trouvait en garnison à Nancy, s'était révolté et avait entraîné dans sa rébellion les autres corps de la garnison, le régiment suisse de *Châteauvieux* et le régiment de cavalerie *Mestre-de-Camp*. Le marquis de Bouillé, gouverneur de la province, à la tête des troupes restées fidèles et d'un certain nombre de gardes nationaux de Metz, avait, dans un combat sanglant, fait énergiquement triompher la cause de l'ordre. Lors de la première nouvelle de cet événement on applaudit à la vigoureuse répression des troubles. L'Assemblée décrète que le général de Bouillé et ses troupes ont glorieusement rempli leurs devoirs, et vote des remerciements aux gardes nationaux qui les ont aidés. Cent trente-huit soldats suisses de Châteauvieux avaient été pris les armes à la main. Conformément aux capitulations passées avec les cantons suisses, ces hommes sont jugés suivant les lois de leur pays : vingt-trois sont punis de mort, quarante-et-un envoyés aux galères, soixante-quatorze emprisonnés jusqu'à plus ample information. Cent quatre-vingts soldats du régiment du *Roi,* trois cents autres insurgés avaient été pris de même : on les garde en prison jusqu'à décision de l'Assemblée. La répression de l'émeute datait du 31 août, le vote de l'Assemblée du 2 septembre. Les commissaires envoyés à Nancy pour procéder à une enquête présentent leur rapport le 6 décembre. L'Assemblée décide que tous les détenus dépendant de la justice nationale seront relâchés et que nul d'entre eux ne pourra être inquiété. Quant aux soldats de Châteauvieux qui sont aux galères ou en prison, il est enjoint au ministère d'implorer en leur faveur l'indulgence des cantons suisses. En se séparant au mois de septembre 1791, l'Assemblée nationale décrète une amnistie générale pour tous les crimes et délits militaires commis depuis 1789. Les Suisses de Châteauvieux ne pouvaient, comme étrangers punis en exécution de lois étrangères, être compris dans cette amnistie ; mais l'Assemblée législative ordonne leur liberté, au mépris des capitulations. Les galériens libérés sont conduits triomphalement de Brest à Paris, admis aux honneurs de la séance de l'Assemblée législative et invités, le 15 avril 1792, à une fête patriotique ; la coiffure rouge qu'ils ont apportée du bagne est adoptée pour l'emblème de la liberté et de l'égalité.

Mais voici venir le quart d'heure de Rabelais. Ceux qui ont semé le vent vont récolter la tempête. L'indiscipline porte ses fruits. Marat exprime, dans son journal le *Peuple*, l'espoir que l'armée comprendra que le plus grand service à rendre au pays serait de massacrer les généraux. Cet horrible appel est entendu. Le 20 avril 1792, la guerre est déclarée à l'Autriche, les hostilités doivent commencer par l'invasion des Pays-Bas. Le général Biron part de Valenciennes le 28 avril, marche sur Mons et passe la nuit en présence de l'ennemi, qu'il se prépare à attaquer le lendemain. Tout à coup deux régiments de dragons montent à cheval et s'enfuient en s'écriant que le général a trahi et est passé à l'ennemi : les troupes débandées sont ramenées en désordre sur Valenciennes par l'ennemi et tirent les unes sur les autres. Les choses vont encore plus mal dans la colonne sortie de Lille sous les ordres du général Théobald Dillon. A la vue de quelques hussards autrichiens, on crie : « Trahison ! sauve qui peut ! » la cavalerie fait demi-tour, tombe sur l'infanterie qu'elle écrase, et tout s'enfuit en déroute. Dillon, avec ses officiers, veut arrêter les fuyards : il est frappé de deux coups de pistolet par ses propres soldats. On colporte à Lille la nouvelle que tout est perdu, que l'ennemi arrive à la suite de la colonne; on crie : « Vengeance! mort aux traîtres! » Un jeune enfant de Dillon est écrasé sur le pavé par des idiots que la frayeur a rendu féroces. Le colonel du génie Berthois est tué à coups de pistolet, son cadavre est suspendu à la corde d'un réverbère, où il sert de cible aux balles des assassins. Dillon, traîné mourant par les fuyards, est enfin achevé par un coup de feu, et son corps mutilé est brûlé, le soir, sur une des places de la ville. Ces affreux désordres étaient uniquement le fait des troupes de ligne, car dans la retraite sur Valenciennes un bataillon de volontaires de la Seine s'était couvert de gloire en ramenant un canon pris par lui aux Autrichiens.

A la nouvelle des atrocités de Lille, l'indignation fut au comble dans l'Assemblée et la nation. Les troupes qui s'en étaient rendues coupables affichèrent le plus grand repentir, et le bon ordre se rétablit peu à peu dans les régiments de ligne ; mais alors ce sont les nouveaux bataillons de volontaires qui se signalent par leur indiscipline. Les uns, au camp de Soissons, massacrent leurs officiers ; les autres, dans l'armée de Custine, organisent, lors de l'entrée dans Spire, le pillage qu'ils érigent en droit ; la masse donne, dans la déroute de l'armée du Nord à Aix-la-Chapelle, le déplorable spectacle de bataillons entiers reprenant la route de la frontière après avoir abandonné ou pillé leurs propres bagages. Une loi avait autorisé les militaires à se marier sans permission. « Les généraux, les officiers et les soldats, dit M. Poisson dans son excellent livre intitulé l'*Armée et la garde nationale*, étaient suivis à l'armée de leurs femmes ou de leurs maîtresses, qui absorbaient les subsistances, surchargeaient les chariots, ruinaient les chevaux des cavaliers qui les portaient en croupe, et occasionnaient de fréquentes querelles. »

L'excès du mal finit par produire le bien. La levée en masse et l'amalgame des bataillons de

volontaires avec les troupes de ligne modifièrent
heureusement la composition de l'armée, et
quelques mesures de rigueur ordonnées à propos
par le comité de Salut public rétablirent la discipline. Le 11e bataillon des volontaires de la
Seine, qui avait manifesté des velléités de déso-
béissance vis-à-vis d'ordres incohérents et mal
donnés, fut licencié ; les hommes qui en faisaient
partie se virent dispersés dans divers corps de
troupes ; ceux qui, à peu près au hasard, avaient
été jugés les plus coupables, furent fusillés. Ces
mesures, nécessaires en principe, quoique peu
justifiées dans leur application, produisirent un
excellent effet sur les bataillons de la levée en
masse. Mais, pour se faire une idée de la dureté
de la répression, il faudrait suivre Saint-Just
dans ses missions à l'armée du Rhin, et plus tard
à celle du Nord.

Envoyé à l'armée du Rhin après la perte des
lignes de Wissembourg, il fait dresser la guillotine en permanence sur une des places de Strasbourg et frappe sur l'armée sans discontinuer. Un
vieux général, qui a laissé surprendre ses postes
avancés, est amené à Strasbourg et fusillé avec
douze officiers et deux soldats. Le colonel, un ca-

pitaine et l'adjudant du 12ᵉ régiment de cavalerie sont fusillés pour avoir, dit-on, suscité la désorganisation de l'armée. Le colonel du 8ᵉ chasseurs est mis à mort parce qu'on a trouvé dans sa valise une croix de Saint-Louis enveloppée dans un vieux ruban blanc; le général Donnadieu, commandant la cavalerie, est condamné et exécuté pour n'avoir pas su charger à propos pendant la bataille de Geisberg.

A l'armée du Nord, où Saint-Just se rend ensuite, les exécutions sont si nombreuses que les jeunes soldats, pendant la première nuit qu'ils passent au camp, croient entendre une attaque de l'ennemi et demandent pourquoi on ne court pas aux armes ; leurs camarades les engagent à se taire, parce que c'est la justice du tribunal révolutionnaire qui fonctionne. Parcourant les travaux d'attaque de Charleroi, Saint-Just trouve une batterie mal tenue : il fait fusiller le capitaine qui la commandait; il veut ensuite punir de mort les généraux Bellemont, commandant l'artillerie, Marescot, commandant le génie, et Hatry, commandant les troupes de siège, parce qu'ils diffèrent d'avis avec lui sur le point d'attaque. Jourdan défend généreusement la tête de

ses subordonnés, au risque de perdre la sienne.
La victoire de Fleurus les sauve tous les quatre.
Plus d'un volontaire, nous apprend le général
Foy, fut fusillé pendant la campagne de 1794
pour avoir pris des œufs dans la cour d'un paysan brabançon. A l'armée des Pyrénées-Orien-
tales, lisons-nous dans les *Souvenirs* du général
Pelleport, un autre volontaire fut condamné à
mort et fusillé séance tenante pour avoir, dans
une conversation entre camarades, critiqué la
réquisition.

Est-ce la terreur causée par les exécutions qui
rétablit la discipline? On se refuse à le croire.
La vérité est que le plus noble patriotisme ins-
pira la conduite des généraux et des troupes, qui,
en dépit des menaces suspendues sur eux et de
la suspicion dont ils étaient l'objet continuel,
poussèrent le devoir jusqu'à l'héroïsme. La rigueur déployée vis-à-vis des excès de l'indiscipline contribua cependant à mettre un terme à
ces excès. Tant il est vrai, et c'est ce que j'ai
voulu montrer dans cette esquisse rapide d'une
question sur laquelle on a écrit des volumes,
que l'indiscipline se développe avec une facilité
désolante dès qu'on se départit des règles in-

flexibles du commandement des armées, et que, pour arrêter les progrès de ce mal destructeur, il faut souvent avoir recours aux mesures les plus violentes.

J'ai dit dans une de mes dernières causeries que la carrière du comte de Saint-Germain avait été des plus accidentées. Qu'on en juge :

Après avoir passé six années chez les jésuites comme élève, puis comme novice, ce qui faisait dire à Voltaire qu'il y avait d'honnêtes gens partout, devenu lieutenant dans la milice, il va s'engager au service de l'électeur Palatin, qu'il quitte bientôt pour celui de l'Autriche. Le prince Eugène le nomme capitaine et le choisit pour précepteur de son fils. Il prend part à la guerre contre les Turcs et, lorsque les hostilités sont près de commencer entre l'Autriche et la France, il renonce à son emploi pour ne pas combattre contre son pays. Il entre alors au service de la Bavière où il devint feld-maréchal lieutenant, et déploie des talents militaires qui fondent sa réputation. Sollicité d'entrer dans l'armée française, il y accepte le grade de maréchal de camp avec l'espoir secret de devenir un jour général

en chef. Il sert avec distinction en Flandre sous
le maréchal de Saxe, est nommé lieutenant-
général, et, lorsque plus tard éclate la guerre
de Sept Ans, il est appelé au commandement
d'un corps séparé avec lequel il sauve, à Rosbach, les débris de l'armée de Soubise, couvre
la retraite du comte de Clermont, et lutte héroïquement à Crefeld où le prince-général-abbé
se laisse surprendre et battre par le duc de
Brunswick.

Malgré le mauvais vouloir de la cour, où il ne
compte guère pour protecteur que le ministre de
la guerre, maréchal de Belle-Isle, son rôle gran-
dit, l'importance de son commandement augmente et il opère isolément à la tête d'un corps
d'armée plus considérable; mais placé, pour les
mouvements stratégiques, sous les ordres du duc
de Broglie, il supporte impatiemment les manières hautaines d'un chef dont il se croit l'égal
par le talent; son orgueil offensé lui fait oublier,
dans sa correspondance avec le duc, les règles
de la subordination hiérarchique, le ministre
lui-même est impuissant à le protéger, et presque
au lendemain de la victoire de Corbach, à laquelle il a contribué par son concours habile et

dévoué, il est privé de son commandement et renvoyé de l'armée. Réduit aux abois, dénué de toute ressource, il allait commettre le crime d'offrir son épée au roi de Prusse Frédéric II, lorsqu'enfin il est autorisé à passer au service du Danemark. Là, il est élevé aux plus hautes dignités, nommé feld-maréchal et président du directoire de la guerre, avec toute latitude pour donner pleine carrière à ses idées de réforme. Il y séjourne pendant dix ans, dans des alternatives d'extrême faveur et de discrédit, suivant les fluctuations de la politique. Enfin écarté du pouvoir par l'influence toute-puissante de la Russie, il ne reste plus en Danemark que pour toucher les appointements qui lui sont nécessaires pour vivre. Le coup d'État qui renverse la reine Mathilde et son favori Struensée le tire de cette position humiliante. Un de ses amis dévoués, le comte de Rantzau, celui-là même dont Scribe a fait le principal personnage de sa comédie de *Bertrand et Raton*, est nommé ministre de la guerre et lui fait obtenir, pour rémunération de ses services passés, une somme de soixante mille écus, avec laquelle il peut rentrer dans son pays sans être exposé à y mourir de faim. Mais l'ambassadeur de France à Copenhague, lancé dans des affaires véreuses, lui fait placer son argent dans une de ces entreprises; une faillite lui fait tout perdre. Ses amis ouvrent une souscription en sa faveur dans l'armée, où l'on se souvient du soldat de Crefeld et de Corbach; le gouvernement s'émeut de cette infraction à la discipline et s'oppose à la souscription. Le comte de Saint-Germain implore alors la bonté de Louis XVI, qui lui accorde une pension de dix mille écus. Retiré à la campagne, il y vit paisiblement, se contentant d'envoyer au roi et au premier ministre Maurepas des mémoires sur les réformes à opérer dans l'armée.

Tout à coup, le public stupéfait apprend que le comte de Saint-Germain, qui la veille encore était l'objet de la commisération générale, est appelé au poste de ministre-secrétaire d'État de la guerre. Il y apporte une ferme volonté de mettre un terme aux abus, une expérience profonde des questions d'organisation militaire acquise à l'étranger, et, il faut bien le dire aussi, une connaissance imparfaite du personnel de l'armée française, qu'il avait perdu de vue pendant plus de dix ans. Nous avons vu qu'il resta au pouvoir pendant deux années. Il vécut encore un an, toujours en faveur auprès du roi Louis XVI; une fièvre putride mit fin à son existence agitée (1).

(1) *Le comte de Saint-Germain*, par M. Mention.

XVIII

17 avril 1888.

Lettres sur la stratégie. — Définition et importance du déploiement stratégique. — Exemples historiques. — Marengo, Ulm, Auerstaedt, Rezonville. — *Napoléon Ier et la campagne de Russie,* par Léon Tolstoï. — *M. le maréchal de Moltke,* par ***. — Le grand état-major en Allemagne et en France. — Condition essentielle du succès à la guerre.

Dans ses *Lettres sur la stratégie* que j'ai déjà citées, le prince de Hohenlohe, rendant loyalement justice à la valeur déployée par les troupes françaises pendant la guerre de 1870-1871, déclare que la conduite des opérations fut la principale cause du succès des Allemands. D'une manière générale, il affirme que la victoire et la défaite sont en germe dans le *déploiement stratégique,* c'est-à-dire dans la concentration de

l'armée, opérée en vue d'atteindre l'armée ennemie sur un point décisif. Il lui semble même ridicule de se vanter d'avoir fait des actions héroïques,
car le dénouement dépend uniquement du commandement. A l'appui de cette thèse, il invoque
plusieurs exemples célèbres : la campagne de
Prusse en 1806, dans laquelle la victoire était
assurée à Napoléon Ier avant que le premier coup
de fusil fût tiré, uniquement par la position qu'il
avait fait prendre à son armée; la campagne
d'Italie en 1859, où le succès de l'armée française
devint presque certain après la réussite du mouvement tournant ordonné par Napoléon III, et
ne put même être empêché par les nombreuses
fautes ultérieurement commises! Enfin la guerre
de 1870-1871, sur laquelle je crois inutile d'insister, tant la cause dominante de la victoire des
uns et de la défaite des autres y réside évidemment dans la préparation et la concentration des
armées. Si je me permets d'ajouter à ces exemples
ceux des campagnes de Marengo en 1800 et d'Ulm
en 1805, c'est moins pour insister sur l'assertion
émise par le prince de Hohenlohe que pour en
faire ressortir l'exagération, car en 1800 comme
en 1805 les plus belles conceptions stratégiques

auraient échoué sans la valeur incomparable des
troupes auxquelles l'exécution en fut confiée. Le
passage du Saint-Bernard par l'armée de réserve
et l'occupation de la Lombardie sur les derrières
de l'armée autrichienne auraient abouti, dans
la plaine de Marengo, à une défaite désastreuse
si l'infanterie de Victor et de Lannes avait cédé
le terrain avec moins de fermeté devant des
forces numériquement doubles, et si les deux
cent cinquante cavaliers et dragons entraînés
par Kellermann n'avaient pas, dans la plus heureuse peut-être de toutes les charges de cavalerie connues, forcé les grenadiers autrichiens
à mettre bas les armes. En 1805, l'armée autrichienne de Mack n'aurait pas été réduite à capi-
tuler si la division Dupont n'avait pas, à la suite
d'une lutte héroïque de un contre dix, forcé cette
armée à rentrer dans la place d'Ulm. Dans les
exemples mêmes cités par l'auteur allemand, il
fallut en 1806 toute la ténacité inspirée par
Davout aux troupes des divisions Friant, Gudin
et Morand, pour fermer à l'armée du roi de
Prusse la route de Leipzig et de Berlin ; le mouvement tournant de 1859 aurait avorté sans la
résistance inébranlable des grenadiers de la

garde impériale à Buffalora et des troupes du
maréchal Canrobert à Ponte-Nuovo di Magenta;
en 1870 toute l'énergie du 3ᵉ corps d'armée prussien dut être mise en jeu pour interdire à l'armée
de Bazaine la route de Verdun, comme le voulait
le grand état-major.

Si je ferme le livre du prince de Hohenlohe
pour ouvrir celui du comte Tolstoï, intitulé :
Napoléon et la campagne de Russie, j'y trouve
des assertions bien opposées. Pour l'écrivain
russe, qui voit la guerre en philosophe et en
physiologiste, une bataille met simultanément
en jeu d'innombrables forces libres, car nulle
part l'homme n'est plus libre que dans la bataille,
où il s'agit pour chacun de la vie et de la mort,
et ces forces libres neutralisent, dans la direction de la bataille, l'influence du commandement. Le résultat tient à la valeur des troupes,
indépendamment du fait qu'elles sont sous le
commandement d'un homme de génie ou d'un
imbécile. Cette opinion, émise d'ailleurs par
Tolstoï avec une verve incomparable, est encore
plus exagérée que la précédente; en outre, elle
ne vise que la bataille en elle-même et ne tient
nul compte des conditions dans lesquelles les

deux armées adverses peuvent se trouver pour livrer cette bataille, conditions qui dépendent essentiellement du commandement. C'est ainsi que dans la campagne de 1814, l'armée dite de Silésie, commandée par Blücher, devait nécessairement succomber devant les manœuvres de Napoléon, attaquant successivement les divisions de cette armée, qui suivaient, séparées les unes des autres, la vallée de la Marne, en croyant marcher sans obstacle à la conquête de Paris. Des généraux de second ordre ont perdu des batailles pour n'avoir pas concentré leurs forces. Napoléon n'est jamais ou du moins n'est tombé que rarement dans cette faute; mais en 1815 il périt pour n'avoir su à temps ni lancer le corps de Grouchy à la poursuite de l'armée prussienne vaincue à Ligny, ni appeler à lui ce maréchal sur le champ de bataille de Waterloo. Tout l'héroïsme déployé par ses cuirassiers et par sa garde impériale ne suffit pas pour conjurer sa perte. De même à Sedan, en 1870, aucun miracle ne pouvait sauver les 80,000 Français cernés par 240,000 Allemands et 500 bouches à feu, d'après les dispositions pour ainsi dire mathématiques du grand état-major prussien.

Sauf les contradictions résultant forcément du point de vue où chacun s'est placé, le général allemand et l'écrivain russe se trouvent d'accord pour proclamer cette vérité de la Palice : « La force des troupes dépend à la fois de leur nombre et de leur valeur. » Mais, tandis que le Russe considère la force comme le produit du nombre par la valeur, ce qui accorde une égale importance à ces deux éléments, l'Allemand se borne à dire que la force est une combinaison du nombre et de la valeur, et tout ce qu'il ajoute à cet aphorisme montre qu'il attache au nombre une importance prépondérante.

La prépondérance du nombre est affirmée d'une manière plus précise encore par l'auteur français et anonyme d'un livre qui vient de paraître à la librairie Quantin sous ce titre : le *Maréchal de Moltke*. Je regrette vivement de ne pouvoir nommer cet auteur que l'on dit être un de nos officiers supérieurs les plus distingués, et encore davantage de ne pouvoir citer *in extenso* les vingt-cinq dernières pages de son livre, qui sont d'une éloquence entraînante :

« Raconter la vie d'un homme, dont le nom rappelle une des pages les plus lamentables de notre histoire, dit-il lui-même, n'était pas fait pour tenter une plume française; je l'ai voulu cependant, convaincu que, lorsque l'exemple d'un ennemi porte en soi de puissants enseignements, il serait puéril de s'en priver pour taire sa gloire. » On lira donc avec un intérêt poignant le récit de cette vie consacrée à édifier la grandeur de l'Allemagne sur les ruines de notre propre grandeur, et l'on méditera avec fruit les conclusions de l'auteur, dont j'extrais çà et là quelques lignes : « La guerre ne se mène à bien qu'avec beaucoup de travail et beaucoup de science, une grande suite dans les idées et une méthode supérieure..... On récolte pendant la campagne ce qu'on aura préparé durant la paix... Cette préparation de la guerre est une œuvre tellement gigantesque qu'il faut avant tout se bien garder de la remettre aux mains de quiconque touche à autre chose. Dans notre organisation d'Etat, le ministre de la guerre ne peut pas s'en occuper sérieusement. Quant à l'emploi de chef d'état-major, il a passé par tant de mains différentes qu'il a perdu toute sa haute signification. Depuis dix-sept ans que nous avons pu mesurer la valeur de l'homme de guerre que les destins de Dieu ont suscité pour notre abaissement, qu'avons-nous fait pour lui trouver un émule ? »

Malheureusement tout cela est vrai : en France, le ministre de la guerre est l'instabilité même, puisque nous en avons changé dix-huit fois depuis dix-sept ans ; et l'instabilité du ministre a pour conséquence l'instabilité et l'impuissance du chef d'état-major. Gambetta (1) seul, parmi les hommes qui nous ont gouvernés ou essayé de gouverner depuis dix-huit ans, avait compris l'importance du grand état-major et de son chef. Foulant aux pieds les considérations personnelles et écartant, pour la solution d'une question qui touche au salut même du pays, les conseils mesquins d'une politique exclusive, il avait voulu fonder une institution qui après quelque temps d'études et d'expérience, favorisée enfin par la stabilité qui chez nous hélas ! manquait et fait encore défaut à bien des choses, nous aurait permis de lutter à armes égales.

(1) Une feuille de mon manuscrit ayant été égarée lors de la publication de cette causerie par le journal *Le Temps*, n'a pu être alors reproduite, je la rétablis ici de mémoire, et à partir de ce passage, en accentuant ma note personnelle plus que je ne l'avais fait pour le journal.

Gambetta a été ministre pendant six semaines, et la haute idée qu'il s'était formée des nécessités militaires de notre situation fut, on se le rappelle, une des principales causes de sa chute. Des préventions fondées sur une erreur grossie par cette tendance incorrigible du caractère français à s'engouer pour ou contre les hommes sans motifs plausibles, à prendre des noms pour symboles, à oublier les dangers réels et imminents pour s'attacher à combattre des périls imaginaires. Ces préventions, dis-je, entretenues peut-être sous main par des insinuations jalouses, ont fait avorter les desseins de Gambetta. Il est mort, et M. de Moltke a pu dernièrement, lors d'une réunion des officiers de la garnison de Berlin, prononcer ces paroles que j'emprunte encore au livre de son biographe anonyme :

« La prochaine guerre sera surtout une guerre dans laquelle la science stratégique et du commandement aura la plus grande part. Nos campagnes et nos victoires ont instruit nos ennemis qui ont, comme nous, le nombre, l'armement et le courage.

« Notre force sera dans la direction, dans le commandement, en un mot dans le grand état-major, auquel j'ai consacré les derniers jours de ma vie. Cette force, nos ennemis peuvent nous l'envier! mais ils ne la possèdent pas.... »

Hélas! ajoute l'auteur du maréchal de Moltke, et, dirai-je avec lui, il n'y a rien à répondre à cela.

XIX

3 mai 1788.

Critique de l'ordre dicté par Napoléon pour la bataille de Friedland par un cavalier du 35ᵉ dragons. — Règlement sur le service dans les places de 1768. — Histoire des dragons. — Cavaliers à pied et fantassins à cheval. — *Carabins*. — Le duc de Lauzun. — Boufflers. — Surprise de Crémone. — Escalade de Prague. — Les dragons d'Espagne.

Parmi les ordres du jour qui nous sont restés de Napoléon Iᵉʳ, un des plus remarquables est celui que le grand capitaine dicta à son arrivée sur le champ de bataille de Friedland. Voici cependant qu'un jeune cavalier du 35ᵉ dragons, dans un livre plein de verve et d'esprit (1), traite cet ordre du jour de *salade*, et pourquoi?

... Parce que Napoléon a dit : La cavalerie du

(1) *La Bataille de Damvillers*, récit anticipé de la prochaine guerre.

général Espagne et les dragons du général Grouchy, la division de dragons Latour-Maubourg et
la division de grosse cavalerie du comte Nansouty. « En lisant l'ordre de l'empereur, fait observer le cavalier du 35ᵉ dragons, on pourrait
croire que les dragons n'étaient pas de la cavalerie. » S'il avait le malheur d'être moins jeune qu'il
l'est sans doute, ce cavalier aurait avant le 13 octobre 1863 été condamné à apprendre par cœur
le règlement sur le service dans les places du
1ᵉʳ mars 1768, resté en vigueur jusqu'en 1863, et
il y aurait trouvé presque à chaque page des
phrases comme celles-ci : « Les soldats, cavaliers et dragons ; les troupes d'infanterie, de cavalerie et de dragons... les officiers d'infanterie,
de cavalerie et de dragons. » Personne, il est vrai,
ne prenait plus au sérieux cette classification;
mais en 1807, c'est-à-dire lors de la bataille de
Friedland, la distinction entre les dragons et la
cavalerie existait encore dans le langage militaire,
sinon dans la réalité des faits. Qu'était-ce donc
que ces dragons, ni fantassins ni cavaliers? On
le sait mieux que moi sans doute au 35ᵉ dragons,
mais la masse de mes lecteurs l'ignore probablement.

D'abord fantassins montés, puis soldats à deux fins tenant à la fois du cavalier et du fantassin, enfin franchement cavaliers, du moins dans l'armée française : voilà ce qu'ont été successivement les dragons. Quelle fut leur origine? On pourrait écrire des volumes sur cette question sans lui trouver une réponse précise. Pour moi, s'il m'était permis d'avoir une opinion en pareille matière, je dirais que l'origine des dragons fut double. D'une part, des soldats d'infanterie audacieux, entreprenants, adroits, s'emparant de quelques chevaux et s'en servant pour aller à distance surprendre un poste, piller un château, en un mot faire un coup de main, d'abord renvoyant les chevaux après le coup fait, puis finissant par les garder avec la tolérance ou même par ordre de leurs généraux. D'autre part, des cavaliers pourvus d'armes à feu, inhabiles à se servir à cheval de leurs lourdes arquebuses et mettant pied à terre pour tirer. De là à former des bandes destinées à combattre à pied ou à cheval, suivant les circonstances, il n'y avait qu'un pas; le maréchal de Brissac passe pour avoir le premier, en France, organisé régulièrement ces bandes vers 1550. Quatre-vingts ans plus tard, Gustave-Adolphe introduisait une organisation analogue, mais sur un pied plus considérable, dans l'armée suédoise. Successivement appelés *argoulets*, *carabins*, *fusiliers à cheval*, ces nouveaux soldats prirent enfin le nom de *dragons*, sans que l'on sache bien au juste quand et pourquoi. On peut cependant affirmer que ce nom fut adopté par l'usage avant d'être admis dans la langue officielle, puisqu'il en est déjà question dans la *Satire Ménippée*, publiée en 1593, tandis que le plus ancien régiment de dragons fut créé seulement en 1645, par le maréchal de la Ferté. Quant à l'étymologie du mot dragon, elle est restée indécise. L'opinion la plus plausible est celle de Voltaire : les soldats tirèrent leur nom de leurs enseignes, sur lesquelles était figuré un dragon volant.

En 1656, Louis XIV forma les *Dragons étrangers du Roi*, troupe composée d'Allemands, qui, fondue avec le régiment de la Ferté, devint le régiment des *Dragons du Roi*.

Le premier colonel ou mestre de camp de ce régiment fut le célèbre Lauzun, alors marquis de Péguilhem. Louis XIV fut si content de ses services pendant la campagne de Flandre, en 1667, qu'il organisa définitivement le corps des dragons avec un état-major spécial et un colonel général, qui fut Lauzun.

Le succès de cette nouvelle troupe fut grand à la cour et en particulier auprès des dames. Leur coiffure étrange, sorte de chaperon à longue queue retombant sur les épaules, leur donnait un air tout particulier de bravoure. Leur adresse à sauter à cheval, l'originalité de leurs manœuvres attiraient tous les regards. Les Dragons du roi avaient été dédoublés. On en avait formé le régiment Colonel-Général, aujourd'hui 5e dragons, dont le chef était Lauzun, et le régiment Royal, 1er dragons actuels, commandé par Boufflers, celui qui, plus tard, s'illustra dans la défense de Lille. On connaît l'histoire de Lauzun et de sa disgrâce, si plaisamment racontée par Saint-Simon. Lorsque l'époux de la Grande Mademoiselle fut envoyé à Pignerol, il n'était déjà plus colonel-général des dragons, mais cette arme avait reçu des développements considérables. Le nombre des régiments qui, en 1669, se bornait à deux, était déjà de quatorze en 1676; il fut porté à quarante-trois au commencement de la guerre de la Ligue d'Augsbourg, en 1688.

Ils comptaient dans l'infanterie. Armés d'une épée, d'un mousqueton avec baïonnette et d'un pistolet, les dragons portaient des bottines au lieu de bottes : chaque compagnie avait un tambour, servant à pied comme à cheval, et un hautbois. En guise d'étendards, ils portaient des *guidons* en forme de longue banderole fendue par le bout ; ils étaient exercés à pied à tous les mouvements de l'infanterie et à cheval à tous ceux de la cavalerie. Mais lorsqu'ils défilaient à cheval, au lieu de mettre l'épée à la main, ils portaient le fusil haut. Dès le début, il se manifesta chez les dragons une grande tendance à se rapprocher de la cavalerie. En 1689, ils étaient déjà réputés cavalerie en rase campagne et infanterie dans les sièges.

Turenne avait employé les dragons le plus souvent comme infanterie, et c'est en combattant à pied qu'ils avaient grandement contribué aux victoires d'Enzheim et de Sintzheim, dans la belle campagne de 1674, en Alsace. Il en était de même à Senef, où le grand Condé remportait sa dernière victoire. Au siège de Valenciennes, en 1677, les dragons rivalisaient avec les mousquetaires du roi dans ce célèbre assaut qui est resté une des actions les plus extraordinaires de nos guerres. A la bataille de Saint-Denis, en 1678, les dragons se couvraient de gloire en s'emparant à pied d'un village et détruisant deux mille hommes de vieilles troupes anglaises. A Steinkerque, Boufflers assurait la victoire en accourant avec huit régiments de dragons et faisant mettre pied à terre à une partie d'entre eux pour combattre dans les haies et les fossés pendant que le reste chargeait à cheval. Le même Boufflers entrait dans Namur, en 1692, avec sept régiments de dragons qui furent le nerf de la défense, une des plus opiniâtres dont l'histoire fasse mention. Lorsque le maréchal de Villeroi fut surpris dans Crémone par le prince Eugène, pendant la nuit du 31 janvier au 1er février 1702, un régiment de dragons sauva l'armée d'un désastre par la résistance acharnée qu'il opposa à l'ennemi dans les rues de la ville... Dans une foule d'autres circonstances les dragons s'illustrèrent comme cavalerie, notamment au combat de Leuze, le 19 septembre 1691, où Luxembourg, avec 28 escadrons de la maison du roi et 3 régiments de dragons, battit complètement 75 escadrons de l'armée ennemie; à la Marsaille, où Catinat fit enfoncer

les cuirassiers impériaux par ses dragons ; à
Calcinato, en 1706, où les dragons de Belle-Isle
détruisaient trois régiments de cuirassiers, etc..
Lorsque les dragons abandonnaient leurs montures pour combattre, ils risquaient fort, en cas
d'échec, de ne plus les retrouver : c'est ce qui
arriva en 1706 à la bataille de Turin, où l'armée
française essuya une défaite qui décida du sort
de l'Italie; dix régiments de dragons perdirent
leurs chevaux.

Pendant le dix-huitième siècle, les dragons se
rapprochèrent de plus en plus de la cavalerie;
des pelotons de dragons à pied concouraient cependant, sous les ordres de Maurice de Saxe, à
la fameuse escalade de Prague avec les grenadiers de Chevert; mais quelques mois après, les
mêmes dragons chargeaient en ligne au combat
de Sahay. Ce qui chagrinait les dragons, c'était
la bottine, chaussure de fantassin : ils aspiraient
après la grande botte que portait alors toute la
cavalerie. Elle leur fut enfin donnée en 1779
avec la culotte de peau. Une ordonnance de 1784
les assimila à la cavalerie. Le règlement de 1768
avait, comme je l'ai déjà dit, consacré l'existence de trois armes distinctes, infanterie, ca-

valerie, dragons. Cette distinction, maintenue dans le règlement, resta longtemps dans la langue usuelle.

D'ailleurs, par suite de l'organisation militaire en 1791, la dénomination de cavalerie prit un sens restreint. On distinguait, en effet, dans les troupes à cheval, les carabiniers, la cavalerie proprement dite, les dragons, les chasseurs et les hussards. Vingt-quatre régiments, dits de cavalerie, formèrent avec les carabiniers la grosse cavalerie. En 1803, douze de ces régiments furent supprimés ou transformés en dragons. Les douze autres ou plutôt onze d'entre eux reçurent la cuirasse ; le douzième, celui qui portait le n° 8, l'ancien régiment des cuirassiers du roi, illustré par le passage du Rhin, était cuirassé depuis le règne de Louis XIV. Ces douze régiments devinrent ainsi des *cuirassiers*, mais, par habitude, on leur conserva quelque temps parmi les troupes à cheval la dénomination spéciale de cavalerie, En la leur donnant à Friedland, Napoléon, qui avait eu sous ses ordres en Italie le 1er et le 5e de cavalerie, obéissait donc à une ancienne habitude, et son ordre était parfaitement intelligible pour toute l'armée.

Quant aux dragons, ils avaient combattu pendant toutes les guerres de la République, comme le reste de la cavalerie; la campagne d'Egypte en particulier les avait couverts de gloire. Napoléon fit, en 1805, un essai malheureux de dragons à pied, organisés en une division que commandait le général Baraguey-d'Hilliers, colonel général de l'arme. Ces dragons devaient d'ailleurs être montés à mesure que l'on trouverait des chevaux dans le pays ennemi. Leur formation n'en eut pas moins une influence fâcheuse et d'ailleurs momentanée sur la valeur des régiments de dragons, qui, après s'être montrés pendant la campagne de 1805 et le début de celle de 1806, à la hauteur de leur vieille réputation, commencèrent à faiblir en 1807, lorsqu'ils eurent reçu un grand nombre d'hommes habitués à ne combattre qu'à pied.

Envoyés alors en Espagne, ils y devinrent bientôt une cavalerie de premier ordre, et, lorsqu'en 1813 et 1814 les dragons d'Espagne vinrent remplacer à l'armée d'Allemagne, puis à celle de France les régiments disparus dans la fatale campagne de Russie, aucune troupe à cheval ne fut en état de lutter avec eux à nombre égal. Quel beau fait d'armes, pour ne citer qu'un exemple, que ce combat de Mormant du 17 février 1814, dans lequel des dragons revenus d'Espagne depuis un an se rencontrèrent avec d'autres dragons qui en arrivaient le jour même au milieu d'un carré autrichien, enfoncé par eux de deux côtés différents! Milhaud et Kellermann, qui les commandaient, s'embrassèrent sur les débris de l'armée ennemie, et les dragons, réunis après un an de séparation, se saluèrent par des cris d'enthousiasme.

Je ne dirai rien de l'histoire plus moderne des dragons. Qu'ils soient aujourd'hui cavaliers au même titre que les cuirassiers, les chasseurs et les hussards, cela ne fait aucun doute; ils n'ont même plus le monopole du combat à pied auquel les chasseurs et les hussards sont exercés comme eux... Mais en 1807 on avait encore d'autres idées à leur sujet. D'ailleurs, dans la Grande Armée de 1805, il y avait quatre divisions composées exclusivement de régiments de dragons et qui étaient dénommés 1re, 2e, 3e et 4e divisions de dragons. Les deux divisions Nansouty et d'Hautpoul, formées de cuirassiers et de carabiniers, étaient appelées l'une la première

et l'autre la deuxième division de grosse cavalerie.

La rédaction de l'ordre de Napoléon à Friedland,
n'avait donc rien que de très naturel, quoique l'on
puisse en penser au 35ᵉ dragons.

XX

19 mai 1888.

Le 1er bataillon du 93e à Montebello. — Le lieutenant-colonel Mangin. — Exemple d'initiative. — Anciennes habitudes de l'armée française. — L'exagération du principe
de responsabilité tue l'initiative. — Mansuétude de Napoléon pour les fautes de ses lieutenants. — Fraternité
d'armes. — Le 2e chasseurs d'Afrique à Sidi-Rached. —
Le vrai chauvinisme.

Je demande à mes lecteurs la permission de
leur citer aujourd'hui quelques extraits du répertoire des vertus militaires que j'avais entrepris
d'écrire, que diverses circonstances m'ont fait laisser de côté et dont je leur ai déjà parlé. J'y trouve,
par exemple, au mot : *Initiative*, ce récit d'un épisode de la campagne d'Italie, en 1859, rédigé
d'après les témoignages les plus authentiques.

Le fait en lui-même est généralement connu, mais les détails le sont moins, et ils ont cependant leur importance, comme on va le voir.

Reportons-nous au début de la campagne d'Italie, en 1859. Le 93e régiment d'infanterie (ancien 18e léger), depuis longtemps en Algérie, avait été classé dans la division d'Autemarre, la première du 5e corps d'armée commandé par le prince Napoléon. Ce corps, qui avait dans le plan de la campagne une destination spéciale, n'était pas encore organisé lorsque le mouvement offensif des Autrichiens amena le commencement des hostilités, mais les bataillons qui en faisaient partie commençaient à débarquer à Gênes; l'état-major général résolut de les utiliser pour remplacer à l'extrême droite de l'armée les troupes du 1er corps qui allaient participer au grand mouvement tournant opéré vers la gauche et masquer ainsi ce mouvement, en retenant l'armée autrichienne dans ses positions et en couvrant la ville de Gênes.

En conséquence le 1er bataillon du 93e, débarqué depuis le 10 mai, venant d'Alger, reçut l'ordre de partir le 20 mai, à six heures du matin, par la voie ferrée qui va de Gênes à Stradella. Il devait quitter cette voie à Voghera pour se diriger sur Varzi et Bobbio. Le lieutenant-colonel Mangin, officier des plus vigoureux, devenu plus tard général de brigade et mort prématurément après la guerre du Mexique, marchait avec ce bataillon, qui se trouvait ainsi placé sous ses ordres. La voie ferrée avait été coupée près de Tortone, au pont sur la Scrivia; la colonne dut alors parcourir à pied la distance de dix-sept kilomètres environ, qui sépare ce point de Voghera.

Arrivé à deux kilomètres à peu près au delà de Pontecurone, c'est-à-dire à quatre kilomètres et demi en deçà de Voghera, on entendit tout à coup le canon en avant et sur la droite. Le lieutenant-colonel prescrivit alors à l'adjudant-major du bataillon de prendre le galop et de se rendre à Voghera le plus rapidement possible afin de le renseigner. L'adjudant-major trouva sur la place de Voghera un officier supérieur faisant partie de l'état-major de la division Forey, lequel paraissait inquiet. Son général, chargé de pousser une reconnaissance avec sa division, la première du corps du maréchal Baraguey-d'Hilliers, s'était heurté à des forces supérieures; il était vivement engagé et sa ligne d'opérations se trouvait menacée. Il avait envoyé demander du secours au maréchal qui ne semblait pas disposé à lui en donner, soit qu'il ne voulût pas engager l'affaire plus qu'elle ne l'était déjà, soit qu'il reprochât à son lieutenant ne s'être compromis au delà de ce qui était nécessaire. L'officier d'état major envoyé à Voghera connaissait le lieutenant-colonel Mangin, sa valeur et son énergie : il parut heureux de sa prochaine arrivée et le dit à l'adjudant-major qui, tournant aussitôt bride, alla retrouver le bataillon à un ou à deux kilomètres de Voghera.

Instruit de ce qui se passait, le lieutenant-colonel n'hésita pas un instant et fit presser le pas à sa troupe. « Le bataillon, dit-il, ne s'arrêtera pas à Voghera, nous avons le devoir de marcher au canon, nous pouvons être utiles. Si on n'a pas besoin de notre aide, nous reviendrons simplement sur nos pas ; nous n'en sommes pas à quelques kilomètres près. » Il faut dire que la distance de Voghera à Montebello, où se battait la division Forey, est de 7 kil. 500. C'était donc une marche supplémentaire de 15 kilomètres seulement qu'il s'agissait d'imposer au bataillon qui, venant de faire un séjour de cinq ans en Afrique, était parfaitement entraîné.

Cependant le maréchal Baraguey-d'Hilliers se trouvait en deçà de Voghera, avec la deuxième division de son corps d'armée, dont les soldats, l'arme au pied, frémissaient d'impatience au bruit du combat engagé si près d'eux. Apercevant un bataillon qui marchait dans la direction de Voghera lorsqu'il avait donné l'ordre de ne pas bouger, il s'étonna, voulut savoir ce que signifiait ce mouvement et envoya chercher le lieutenant-colonel Mangin. Aux questions qu'il lui adressa, celui-ci répondit que le bataillon placé sous ses ordres faisait partie de la division d'Autemarre et appartenait au 5e corps, qu'il avait pour instruction de se diriger sur Voghera et qu'il s'y rendait. Le maréchal lui fit observer qu'avant de continuer son mouvement, il ferait bien d'attendre le résultat de la reconnaissance du général Forey ; mais le lieutenant-colonel du 93e tint bon et, s'inclinant respectueusement devant le maréchal, il déclara qu'il accomplirai, quand même sa mission. Pendant ce colloquet les officiers du bataillon causaient avec ceux du 1er zouaves, qui ne dissimulaient pas leur mécontentement du rôle auquel on les réduisait.

On prit une allure plus vive et l'on traversa rapidement Voghera, où se trouvait un aide de camp du général Blanchard, commandant la 2º brigade de la division Forey, qui cherchait du secours et qui présenta la situation de son général comme absolument compromise s'il ne lui arrivait pas de renfort dans le plus bref délai. Donnant alors une nouvelle preuve d'initiative, le lieutenant-colonel Mangin prit une détermination dont il ne se dissimulait pas la gravité. Il fallait non seulement arriver sur le champ de bataille, mais il fallait y arriver le plus vite possible : il fit mettre les sacs à terre pour prendre le pas gymnastique, et envoya l'adjudant-major en avant pour prévenir le général Forey de son intervention ; mais le général était trop loin, et le lieutenant-colonel dut se contenter de prendre les ordres du général Blanchard, d'après lesquels il fit immédiatement ses dispositions d'attaque. Cette attaque soudaine et audacieuse d'un bataillon pénétrant dans le flanc droit du corps ennemi fut couronnée d'un succès immédiat. Les Autrichiens se retirèrent précipitamment, pensant, comme le constata leur général dans son rapport sur cette affaire, que l'avant-garde d'un corps considérable venait prendre part à la lutte.

Après avoir cité cet exemple et constaté l'influence exercée sur le résultat du combat par le mouvement du 93°, M. de Moltke, dans son historique de la campagne de 1859, ajoute : « Ce bataillon n'appartenait pas au corps d'armée engagé ; il était accouru au bruit du canon, suivant le bel usage depuis longtemps en vigueur dans l'armée française. » Aurait-on été en droit de s'exprimer ainsi après la guerre de 1870 ? Nous sommes bien forcés de répondre non à cette question. D'où venait donc, au milieu de tant de qualités qui rendirent glorieuse encore la défaite des armées françaises, le manque d'initiative dont plus d'un commandant de troupe encourait le reproche pendant la dernière guerre ? Je n'hésite pas, pour ma part, à lui assigner une double cause : l'exagération du principe de responsabilité, et l'intervention trop fréquente de l'autorité supérieure dans les détails du commandement inférieur à tous les degrés.

La responsabilité ! on n'avait plus que ce mot sur les lèvres et au bout de la plume.

S'il survenait un incident quelque peu regrettable, si quelque accroc se produisait dans l'exécution d'un ordre donné ou simplement dans le service journalier, on s'occupait beaucoup moins de remédier au mal et d'en prévenir le retour que de lui trouver un éditeur responsable, à blâmer ou à punir au besoin. Et, ce mot de responsabilité, on l'appliquait aux plus élevés comme aux plus humbles, comme s'il ne tombait pas sous le sens qu'un chef est responsable de l'ordre qu'il donne, et comme s'il était besoin de le lui rappeler à tout propos...

Voici un exemple bien remarquable à l'appui de l'observation que je me permets ici. Lorsqu'au début de cette campagne d'Italie de 1859, dont je viens de citer un épisode, le 3ᵉ corps d'armée commença à franchir les Alpes, la tête de colonne de ce corps d'armée fut arrêtée à Suze, et son commandant, qui n'était autre que le maréchal Canrobert, reçut l'ordre d'en attendre la formation complète avant de se porter en avant. Toutefois, au cas où le roi de Sardaigne viendrait à réclamer son aide, il était autorisé à marcher au secours de l'armée piémontaise, mais sous sa propre responsabilité. En bon français, cela voulait dire : le commandant du 3e corps d'armée n'est pas forcé de déférer au désir exprimé par le roi : il reste juge de la conduite à tenir en présence de l'appel qui pourra lui être adressé.

Une instruction donnée en ces termes eût été suffisamment intelligible et suffisamment précise; pourquoi donc y ajouter le mot de responsabilité qui allait de soi? Par le fait, ce mot ne pouvait troubler un soldat de la trempe du maréchal et ne le troubla pas. Le cas prévu dans ses instructions se réalisa. Turin fut menacé par la marche en avant de l'armée autrichienne; le héros de Zaatcha, l'ancien commandant en chef de l'armée d'Orient, invité par Victor-Emmanuel, sut prendre à propos les dispositions les plus habiles pour faire échec à l'ennemi. Mais ce mot de responsabité, à force d'être répété avec insistance, en a troublé bien d'autres depuis lors. En se préoccupant sans cesse d'engager et de déterminer les responsabilités, on en a fait comme un épouvantail, dont chacun a eu l'idée de se préserver en dégageant sa responsabilité, en se bornant à l'exécution stricte des ordres reçus pour avoir le droit de dire après l'évé-

nement : « Ce n'est pas moi qui suis responsable. » Il est si simple et si facile de ne rien
faire !

D'un autre côté, les chefs parvenus trop rapidement aux grades supérieurs en pleine paix,
sans autre droit à cet avancement prématuré que la
présomption d'un mérite qui n'avait pas eu l'occasion de se démontrer, appelés à commander un
bataillon ou un régiment avant d'avoir appris à
bien commander une compagnie, pleins d'activité d'ailleurs et animés d'une noble ardeur,
ont tué l'initiative chez leurs subordonnés à
force d'intervenir dans leurs actes et de les réduire à l'état de machines obéissantes. On paraît
aujourd'hui, à cet égard, imbu d'idées infiniment
plus saines. Tant mieux ! Un bon capitaine doit
laisser ses lieutenants commander leurs sections ; un bon colonel ne doit pas gêner ses capitaines dans le commandement de leurs compagnies. Chacun prend ainsi conscience de sa
propre valeur et de l'importance du rôle qui lui
est confié. Il acquiert le vrai sentiment de la responsabilité, conséquence naturelle de l'initiative. « Là où les subalternes ne montrent pas
d'initiative, dit avec raison l'Allemand von der

Goltz, dans la *Nation armée*, la faute en est d'ordinaire aux supérieurs. Il faut que le commandement suprême pratique une tolérance généreuse vis-à-vis des actes indépendants des subordonnés. » A la fin de la dernière guerre le général Manteuffel, chargé d'opérer contre notre armée de l'Est, prit sur lui, en raison des événements qui s'étaient produits, de modifier complétement le plan qui lui avait été tracé par le grand état-major. « Il a eu raison, dit le maréchal de Moltke aussitôt qu'il en fût informé. »

Napoléon Ier lui-même, ce maître si absolu, se montra à l'heure des revers plein de mansuétude pour les fautes de ses lieutenants. Les maréchaux Ney, Oudinot, Macdonald, qui n'avaient pas su seconder ses projets et s'étaient laissé battre à Dennewitz, à Gross-Beeren, à la Katzbach, ne reçurent de lui aucun reproche. « Il faisait la part de la mauvaise fortune, observe le duc de Fezensac dans ses curieux *Souvenirs militaires*, il excusait les erreurs, il pardonnait même les fautes. »

Je reviens à l'appréciation émise par M. de Moltke sur l'armée française à propos du combat de Montebello dans la campagne de 1859. C'était en effet alors une habitude chez nos officiers d'Afrique de voler au secours de leurs camarades engagés à l'ennemi lorsqu'ils étaient avertis, sinon par le bruit du canon, qui se faisait rarement entendre dans les affaires de détail, du moins par la fusillade. En voici un joli exemple, que j'inscrirais volontiers dans mon répertoire des vertus militaires sous la rubrique : *Fraternité d'armes.*

C'était en 1843 : le général Gentil opérait depuis plusieurs mois avec une colonne dans le pays difficile des belliqueux Flittas. Le 16 mai, le jour même de la prise de la smalah d'Abd-el-Kader, un capitaine du 2ᵉ chasseurs d'Afrique, M. Daumas, envoyé en reconnaissance avec 50 cavaliers de son escadron, est tout à coup entouré par plus de 1,500 cavaliers arabes. Reconnaissant l'impossibilité de se frayer un passage à travers cette masse, il gagne le marabout de Sidi-Rached, situé sur un petit tertre, fait mettre pied à terre à ses hommes, laisse quelques-uns d'entre eux à la garde des chevaux et, embusquant les autres en tirailleurs derrière le marabout, engage avec les assaillants un véritable combat d'infanterie... Au bruit de cette fusillade, un autre capitaine du même régiment, M. Favart, qui éclairait la colonne du général Gentil avec 60 chevaux, accourt en toute hâte, se porte seul en avant de son escadron, reconnaît la position critique du capitaine Dammas et, revenant vers ses cavaliers, il leur dit : « Cinquante de nos camarades, qui vont succomber, luttent héroïquement pour l'honneur. Nous pouvons aller mourir avec eux ou regagner tranquillement la colonne. Choisissez ! — A eux ! à eux ! capitaine ! « répondent d'un seul et même cri tous les chasseurs, et Favart, mettant le sabre à la main, commande la charge. Le cercle ennemi, rompu par cette attaque furieuse, s'ouvre un instant pour se refermer aussitôt sur ces soixante braves. Le combat devient plus acharné, mais, dans cette lutte de vingt contre un, les deux escadrons doivent succomber. Tout à coup le clairon retentit au loin : le général Gentil, que le capitaine Favart a eu le soin d'envoyer prévenir avant de commander la charge, amène un bataillon du 32e, qui accourt sans sacs au pas gymnastique. Les Arabes fuient de toutes parts sans attendre cette infanterie ; les chasseurs sont délivrés ; ils ont eu

18.

vingt-deux tués et trente blessés, dont six officiers sur sept que comptaient les deux escadrons.

Une armée dans laquelle on entretiendrait avec soin le souvenir de pareils faits ne saurait périr. Voilà pourquoi je voudrais que, dans l'instruction donnée aux soldats, il y eût une place réservée pour les traditions glorieuses, pour l'hommage rendu aux héros ignorés, dont les noms devraient être gravés en lettres d'or sur les murs de nos casernes. Mais c'est là du chauvinisme, dira-t-on, et le chauvinisme est mort à jamais, tué par le ridicule. C'est possible ! et voilà précisément notre malheur ! L'exagération du chauvinisme a pu être ridicule, mais le sentiment qui fait qu'une armée fière d'un passé glorieux se jure à elle-même d'y conformer le présent et l'avenir, ce sentiment-là fait la force et la sécurité d'un pays !

C'est du vrai et du bon chauvinisme que M. le général commandant la 3e division de cavalerie vient de faire au camp de Châlons, lorsqu'en remettant aux 27e et 28e régiments de dragons, de création récente, les étendards qui leur étaient destinés, il leur a rappelé qu'ils étaient les héri-

tiers des traditions de deux régiments de mêmes
numéros ayant existé sous le premier empire, et
que, retraçant sommairement ces glorieuses traditions, il a invité les deux nouveaux régiments à
en conserver le souvenir avec l'ardent désir de
les imiter.

FIN

TABLE

DES NOMS CITÉS DANS LE VOLUME

TABLE DES MATIÈRES

EMILE COLIN — IMPRIMERIE DE LAGNY

BIBLIOTHÈQUE AMUSANTE

A 3 fr. 50 le volume

<table>
<tr><td>MAXIME AUBRAY</td><td>Le 145e régiment</td><td>1 vol.</td></tr>
<tr><td></td><td>L'Album de la Colonelle</td><td>1</td></tr>
<tr><td>BRASSEUR & JOURDAN</td><td>Jean-Jean</td><td>1</td></tr>
<tr><td>DANIEL DARC</td><td>Les Femmes inquiétantes et les Maris comiques</td><td>1</td></tr>
<tr><td>JULIEN DIDIÉE</td><td>L'Art de faire ses 13 jours</td><td>1</td></tr>
<tr><td>PIERRE GIFFARD</td><td>La Vie en chemin de fer</td><td>1</td></tr>
<tr><td>ÉMILE GOUDEAU</td><td>Les Billets bleus</td><td>1</td></tr>
<tr><td>INAUTH</td><td>Les Cancans de plage</td><td>1</td></tr>
<tr><td>—</td><td>Les Gigolots de ces Dames</td><td>1</td></tr>
<tr><td>LA BRUYÈRE (A. Millaud)</td><td>Physiologies parisiennes</td><td>1</td></tr>
<tr><td>GASTON LÈBRE</td><td>Causes grasses et causes maigres</td><td>1</td></tr>
<tr><td>CHARLES LEROY</td><td>S'rompnieupnien du Cel Ramollot</td><td>1</td></tr>
<tr><td>—</td><td>Malheurs du Capit. Lorgnegrot</td><td>1</td></tr>
<tr><td>ED. MAGELIN</td><td>28 jours d'un sous-lieutenant</td><td>1</td></tr>
<tr><td>R. MAIZEROY</td><td>Amours de garnison</td><td>1</td></tr>
<tr><td>JEAN MALIC</td><td>Les 36 femmes de La Balade</td><td>1</td></tr>
<tr><td>—</td><td>L'Amour pour rire</td><td>1</td></tr>
<tr><td>JOSEPH MONTET</td><td>La Vie fantasque</td><td>1 —</td></tr>
<tr><td>MOUSK</td><td>Le Monde qui fait la fête</td><td>1</td></tr>
<tr><td>A. ROBIDA</td><td>Le Vingtième Siècle</td><td>1</td></tr>
<tr><td></td><td>La Vie en rose</td><td>1</td></tr>
<tr><td></td><td>Le Vrai Sexe faible</td><td>1</td></tr>
<tr><td></td><td>Les Peines de cœur d'A. Fontenille</td><td>1 —</td></tr>
<tr><td>—</td><td>Les Voyages de Farandoul</td><td>1</td></tr>
<tr><td>M. DE VILLEMER</td><td>Les Femmes qui viennent</td><td>1</td></tr>
<tr><td>TOUCHATOUT</td><td>Histoire de France tintamarresque</td><td>1 —</td></tr>
</table>

Imp. de la Soc. de Typ. - Noizette, 8, rue Campagne-Première. Paris